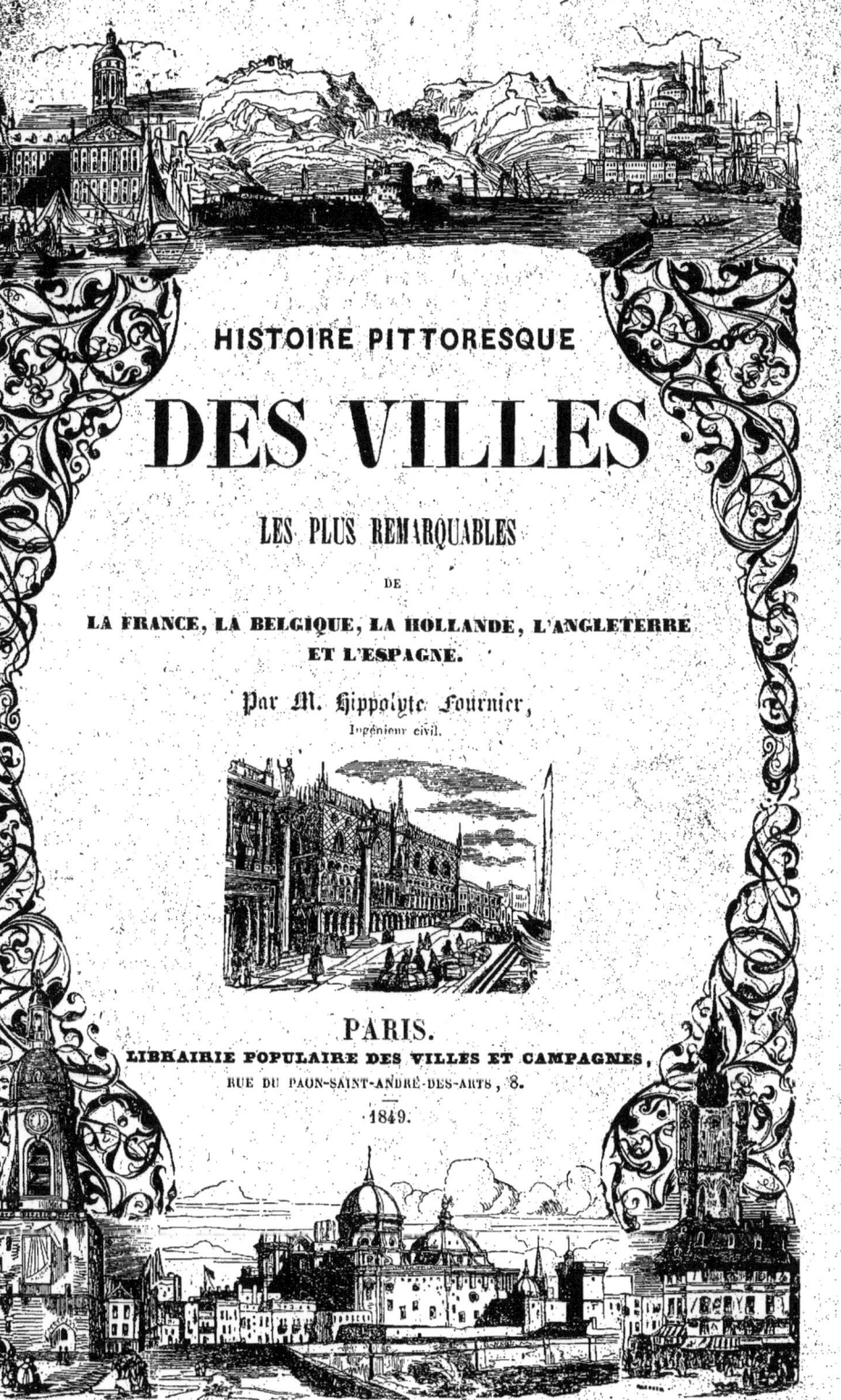

HISTOIRE PITTORESQUE

DES VILLES

LES PLUS REMARQUABLES

DE

LA FRANCE, LA BELGIQUE, LA HOLLANDE, L'ANGLETERRE
ET L'ESPAGNE.

Par M. Hippolyte Fournier,

Ingénieur civil.

PARIS.
LIBRAIRIE POPULAIRE DES VILLES ET CAMPAGNES,
RUE DU PAON-SAINT-ANDRÉ-DES-ARTS, 8.
1849.

MONUMENTS PITTORESQUES.

HISTOIRE
DES
CATHÉDRALES, ÉGLISES,
MONASTÈRES
ET ANCIENS CHATEAUX,

Et des Villes les plus remarquables

DE FRANCE, D'ESPAGNE ET D'ITALIE;

Par Hippolyte FOURNIER,

Ingénieur civil,

ET UNE SOCIÉTÉ D'ARCHÉOLOGUES;

AVEC

LES TRADUCTIONS LEGENDRE.

Cet Ouvrage se compose de 4 vol. format grand in-8°; orné de plus de 160 gravures. — Le prix en est de 21 francs, à raison de 5 fr. 25 c. le volume, rendu à domicile franc de port.

J'accepte les conditions pour les Ouvrages ci-dessus mentionnés, payables au Porteur à la réception des Ouvrages.

B. P. F.

A   le   185

Nantes, Impr. GUÉRAUD, rue Basse-du-Château, 6.

HISTOIRE PITTORESQUE

DES VILLES.

HISTOIRE PITTORESQUE
DES VILLES

LES PLUS REMARQUABLES

DE

LA FRANCE, LA BELGIQUE, LA HOLLANDE,

L'ANGLETERRE ET L'ESPAGNE.

Par H. Fournier,
Ingénieur civil.

PARIS.
LIBRAIRIE POPULAIRE DES VILLES ET DES CAMPAGNES,
RUE DU PAON-SAINT-ANDRÉ-DES-ARTS, 8.

1849.

Paris. — Imprimerie de POMMERET et MOREAU,
quai des Grands-Augustins, 17.

Ancien Paris, p. 1.

ÉTAT

DES

ANCIENNES VILLES DE FRANCE,

MOEURS, USAGES ET CONDITIONS DE LEURS HABITANTS,

AVANT

ET DEPUIS L'AFFRANCHISSEMENT DES COMMUNES.

Dans le dixième siècle, époque brillante de la féodalité, presque toute la population était réduite en servage ; mais dans cet état d'oppression même, la coutume avait établi plusieurs degrés, et par la suite des temps, la liberté progressive que l'affranchissement favorisa, fit naître de nouvelles distinctions. Au bas de l'échelle de servitude était le serf malheureux, considéré comme faisant partie de la terre, comme le bœuf destiné à la culture. Tout pouvoir appartenait au seigneur ; le serf était sa propriété, il en avait la pleine disposition. L'Europe, et surtout la France, étaient hérissées de châteaux où les moindres seigneurs vivaient en tyrans, chacun prétendant avoir le droit de se faire justice à main armée ; ce n'étaient partout que massacres et brigandages.

Pour remédier à de pareils désordres, on convint d'abord que depuis le mercredi au soir jusqu'au lundi matin, en mémoire des derniers mystères de la vie de Jésus-Christ, on ne pourrait rien prendre par force, ni tirer vengeance d'aucune injure. Il fallut, dans la suite, restreindre ce réglement, et se contenter d'un espace fort court, depuis le samedi au soir jusqu'au lundi matin ; en sorte que tout le reste de la semaine fut abandonné aux excès de la barbarie. Cette loi fut appelée la Trève de Dieu, et publiée comme une inspiration divine.

L'état du servage devait faire vivement désirer l'affranchissement. Liberté! liberté! ce fut le cri des populations attachées à la terre aux onzième, douzième et treizième siècles. Des serfs s'étaient réunis, avaient amassé quelque argent, et ils acquéraient leur indépendance à bons deniers comptants des barons ruinés par la guerre ou allant à la croisade ; d'autres fois, les serfs se révoltaient, et conquéraient par la force leur affranchissement.

Suger, abbé de Saint-Denis (1150), ministre de Louis-le-Gros, osa attaquer la féodalité en affranchissant quelques communes et en instituant les envoyés du Seigneur, qui parcouraient les seigneuries afin de renvoyer aux assises du roi tous ceux à qui la justice avait été refusée. La reine Blanche, pendant la minorité de saint Louis (1226), combattit les seigneurs factieux et ligués contre l'autorité royale ; plus tard, ce roi lui-même attaqua la féodalité dans ses fondements, en s'emparant de la puissance législative ; la justice seigneuriale devint impuissante par son institution des appels. Philippe-le-Hardi et Philippe-le-Bel augmentèrent la puissance royale, et la rendirent formidable. Sous le règne de Louis X, surnommé le Hutin (1314), un grand nombre de communes se formèrent, et les serfs furent forcés de racheter leur liberté.

L'affranchissement faisait passer à l'une de ces trois situations, l'état de vilenage, la bourgeoisie et le citoyen des communes. Le vilain était de condition libre, mais s'il n'était pas astreint au service du maître, il était pourtant taillable à volonté, c'est-à-dire que le seigneur pouvait lui imposer toutes espèces de charges. Le châtelain partait-il pour la Palestine, donnait-il une fête dans son château, il demandait une forte somme de deniers à ses vilains. il les pressurait de toutes les manières sans que ceux-ci puissent lui opposer leurs chartes ; aussi s'empressaient-ils d'acheter la bourgeoisie, seconde condition dans la liberté. Le bourgeois n'était pas soumis à toutes les obligations du vilain ; il habitait souvent une cité murée ; le baron ne pouvait lever sur lui qu'une somme fixe, convenue par la charte de bourgeoisie ; mais il obéissait au seigneur et à ses officiers, et c'est en quoi il différait des hommes de commune, qui n'obéissaient qu'à leurs concitoyens, qu'eux-mêmes avaient élus ; ils ne reconnaissaient pour chefs que les magistrats choisis par eux en assemblée publique. Ces élections n'eurent, dans le principe, aucune règle fixe ; elles se faisaient dans telle ville une fois l'année ; dans d'autres, elles n'avaient lieu que de trois en trois ans ; et les habitants ainsi élus s'appelaient consuls, jurés ou échevins.

La révolution communale, considérée dans son principe, ne fut qu'un mouvement naturel du peuple pour conquérir un état meilleur ; la plupart des chartes des communes créaient, pour les habitants, un système municipal fort large dans ses bases. Lorsque la charte était jurée, les habitants avaient le droit de se réunir dans la maison commune où la cloche les appelait ; ils élisaient leurs consuls, jurés ou échevins, fixaient les aides et les péages pour les besoins municipaux ; tous les habitants étaient tenus à la garde de la ville, à la réparation des remparts et à l'entretien des fossés. La commune devait le service militaire ; ses bourgeois, dans les batailles, se plaçaient, l'arc en main, devant les cavaliers ; les échevins avaient une juridiction civile et quelquefois criminelle sur les délits commis dans l'enceinte de la ville ; eux seuls étaient chargés de la police.

Le principe des communes du moyen-âge, celui qui fit braver à leurs fondateurs tous les dangers et toutes les misères, n'était autre que l'esprit de liberté, d'une liberté, il est vrai, toute matérielle, celle d'aller et de venir, de vendre et d'acheter, d'être maître chez soi, de laisser son bien à ses enfants. Dans le premier besoin d'indépendance qui agitait les hommes, c'était la sûreté personnelle, la sécurité de tous les jours, la faculté d'acquérir et de conserver, qui étaient le dernier but des efforts et des vœux ; les intelligences ne concevaient alors rien de plus désirable dans la condition humaine.

Les révolutions, de nos jours, prennent leur source dans un débat entre le peuple et la puissance royale ; celles des communes, au douzième siècle, ne pouvaient avoir ce caractère. Il y avait alors peu de villes qui appartinssent immédiatement au roi ; la plupart des bourgs étaient la propriété des barons ou des églises, et certaines villes se trouvaient en totalité ou en partie sous la seigneurie de leurs évêques. Quelquefois un seigneur, maître du quartier voisin, disputait au prélat le gouvernement du reste de la ville ; quelquefois aussi le roi avait une citadelle où un de ses officiers se cantonnait pour lever sur les bourgeois de bons deniers en sus de ce que le seigneur et l'évêque exigeaient d'eux.

Les moyens employés par les cités pour obtenir leurs franchises municipales, furent divers comme leur situation ; tantôt elles furent recouvrées à la suite d'un mouvement séditieux de la population, brisant violemment ses chaînes, et constituant elle-même ses magistrats ; tantôt la cité profitait des besoins de son baron pour acheter sa charte de liberté. La première commune, celle de Cambrai, fut conquise par la violence et l'énergie des citoyens.

On peut dire que dès lors le système féodal fut ruiné : la noblesse était sans puissance, lorsque enfin Louis XI (1463), pour contenir les grands, fit tomber les premières têtes de l'Etat. Depuis, et pendant longtemps encore, la noblesse domina les institutions et le gouvernement ; mais le trône possédait la souveraineté, et les tribunaux protégeaient le peuple contre les seigneurs ; il ne leur resta donc plus que leurs titres, leur orgueil, leur châteaux et leur servilité rampante aux pieds des rois.

Depuis l'établissement du régime féodal jusqu'au règne de saint Louis et même de Louis XI, les grands vassaux de la couronne de France habitèrent presque constamment leurs châteaux, et les rois, de leur côté, passaient presque toute l'année avec leur cour dans leurs maisons de plaisance. On ne trouvait guère dans l'enceinte des villes que les artisans et les prêtres. A cette époque, les maisons étaient toutes construites en terre et en bois. En l'absence d'une police éclairée et vigilante, chaque propriétaire bâtissait au gré de son caprice ; aussi les rues étaient-elles tracées de la manière la plus irrégulière. Du faîte des maisons, des gouttières en saillie déversaient les eaux pluviales sur les passants ; des perches tendues çà et là à travers les rues obscurcies, servaient aux lavandières et aux teinturiers à suspendre leur linge et leurs étoffes, qui distillaient à flots de toutes parts, l'eau de savon et les couleurs. On ne voyait ni fontaines, ni aqueducs ; seulement on apercevait de loin en loin quelques puits. Au milieu de ces tristes habitations, l'œil charmé s'arrêtait quelquefois avec étonnement sur de belles églises ou de majestueux monuments qui contrastaient avec ce grossier entourage. A la porte même de ces imposants édifices, le marchand forain élevait sa baraque, le maréchal-ferrant fixait ses poteaux et ses ateliers enfumés ; sur les places publiques, dans les carrefours, les juifs qui expiaient leurs bénéfices à force d'humiliations, étalaient leurs marchandises et obstruaient les passages. Pendant la nuit, quand un habitant de la cité venait à mourir, un clerc parcourait bruyamment la ville entière en agitant sa crecelle lugubre, et s'arrêtant par intervalles dans les carrefours où il criait d'une voix lamentable : « Réveillez-vous, et priez pour le trépassé. » Quand un prêtre allait administrer l'extrême-onction à un agonisant, une foule innombrable le suivait presque toujours dans sa sainte visite pour gagner les indulgences promises en pareil cas. Toute cette foule pieuse et recueillie s'agenouillait çà et là à la porte de la maison, sur les escaliers, et jusque dans la chambre du malade, autour de son lit de douleurs, priant à haute voix pour l'âme du mourant.

Les artisans d'une même profession habitaient la même rue ; à Paris les baigneurs peuplaient la rue des Vieilles-Etuves ; on trouvait tous les orfèvres rassemblés sur le quai de ce nom ; la rue Saint-André-des-Arcs était remplie des boutiques des marchands de flèches et de carquois : aujourd'hui encore les noms de rues de la Tixéranderie, de la Verrerie, des Boucheries, des Lavandières, témoignent de leur ancienne destination. On ne voyait à l'extérieur des boutiques ni enseignes, ni étalages ; les marchands, sur le seuil de leur porte, indiquaient aux passants la nature des denrées qu'ils débitaient.

Ce qu'il y a de plus singulier encore, c'est que les mires ou médecins s'annonçaient eux-mêmes par des cris ; et comme les ventouses étaient l'un des remèdes les plus généralement répandus à cette époque, on les reconnaissait au cri : ventouses à ventouser. Ils portaient toujours sur eux un coffret renfermant leurs remèdes, leurs instruments, et surtout de la charpie, et ils amenaient à leur suite des femmes chargées des accouchements et des saignées : ces femmes s'appelaient indistinctement saigneresses, ventrières ou matrones.

Les marchands formaient comme aujourd'hui des confréries liées par des statuts ou réglements : chacune de ces confréries ou communautés se distinguait des autres, aux jours de réjouissances publiques, par un costume particulier ; chacune portait, dans les grandes processions, la bannière et la châsse de son patron : les membres de ces corps commerciaux assistaient de temps en temps, à des époques périodiquement réglées, à des repas communs où ils renouvelaient, en se touchant la main et mangeant fraternellement aux mêmes plats, le pacte de la loyauté et de la bonne foi. le roi honorait souvent ces assemblées de sa présence. A sept heures du soir en hiver, et à huit heures en été, on sonnait de toutes parts dans la ville la cloche du couvre-feu : à ce signal, chacun devait rentrer chez soi, éteindre la flamme de son foyer, faire les prières de l'Angélus et se coucher. On veillait rigoureusement à l'exécution de l'ordonnance du couvre-feu pour prévenir les incendies encore plus fréquents et plus contagieux que partout ailleurs dans les villes construites en bois, comme l'étaient alors toutes les villes de France.

Les dimanches et les jours de fêtes, un morne silence régnait dans toutes les cités : les ordonnances royales ou seigneuriales prescrivaient, ces jours-là, la cessation absolue de toutes les œuvres serviles : nul marchand ne pouvait ni vendre, ni travailler, sous peine d'encourir les châtiments les plus sévères. Il était même défendu de s'arrêter sur les places publiques, et de perdre en promenades, en récréations frivoles et mondaines un temps que réclamaient les devoirs de la religion.

L'absence d'une sage police rendait le séjour des villes insalubre à l'excès : l'air fétide qu'on respirait partout allumait dans le sang des maladies affreuses et souvent incurables connues sous les dénominations diverses de pourpre, de feu sacré, de mal des ardents, mais la lèpre fut de toutes ces maladies celle qui exerça le plus de ravages : elle provoqua plusieurs ordonnances et réglements de la part des rois et des seigneurs. Tout le monde fuyait avec horreur le malheureux infecté de la lèpre. Au dixième siècle, un parlement assemblé à Compiègne jugea que cette maladie était une cause suffisante de divorce. Le lépreux était mort civilement et incapable de succéder ; on exigeait de lui les droits auxquels son décès eût donné ouverture, et on célébrait ses funérailles. S'il était étranger à la localité, les sergents lui donnaient, sur les deniers de l'aumône, un chapeau, un manteau gris, une besace, et le faisaient traîner de vive force hors de leur juridiction. Si le lépreux appartenait à la ville qu'il habitait, on lui donnait un abri construit sur quatre pieux dans un quartier éloigné, en dehors de toute communication; quand il était mort, on brûlait son toit et tout ce qui lui avait appartenu.

Vers le dixième siècle, on fonda cependant à Paris quelques maladreries où l'on donnait asile à ces infortunés; mais l'insuffisance des soins qu'on leur y accordait les forçait le plus souvent à s'échapper de ces maisons trop peu hospitalières; aussi les habitants de cette capitale rencontraient-ils fréquemment de pauvres lépreux qu'ils reconnaissaient aisément à leur pâleur et à leurs ulcères hideux que cachait mal leur esclavine (manteau d'étoffe grossière qu'on leur donnait par charité). Aussitôt qu'on les avait vus, ou qu'on avait appris leur évasion, on sonnait de toutes parts le tocsin d'alarme, et tous les habitants de la ville se rassemblaient en armes pour les traquer comme des bêtes fauves.

Il n'était permis à personne d'avoir plus d'une porte à sa maison, et de la laisser inhabitée : le magistrat imposait un gardien aux domiciles où les propriétaires absents n'en avaient pas laissé; les habitants de toutes les maisons faisaient tour à tour la police de la rue, en veillant pendant la nuit derrière une fenêtre d'où ils regardaient et écoutaient attentivement tout ce qui se passait dans le quartier; et au premier cri, au premier bruit qui frappait leurs oreilles, ces sentinelles nocturnes ouvraient leurs fenêtres et sonnaient leur clochette jusqu'à ce que celles des maisons voisines leur eussent répondu; bientôt, comme un tocsin d'alarme, toutes les clochettes de Paris retentissaient à la fois; les fenêtres s'illuminaient; tout le monde sortait en armes; on fermait toutes les issues; de sorte que les malfaiteurs, bloqués de toutes parts, reconnus, arrêtés, tombaient presque toujours entre les mains de la justice.

A cette époque aussi, on ne sortait pendant la nuit qu'avec une lanterne à la main, et même pendant certains mois de l'année, il était enjoint à tout propriétaire de suspendre à la porte de sa maison une lanterne allumée.

La milice du guet se composait de la garde soldée et de la garde non soldée : la première ne comptait guère que trois cents hommes d'armes, cent vingt archers, soixante arbalétriers de Charles VI. et cent arquebusiers de Charles IX. Les corps de métiers formaient la garde non soldée; mais ce qu'il y avait de singulier, c'est que les corps dispensés du service du guet se trouvaient plus nombreux que ceux qui y étaient assujettis.

HISTOIRE

DES

CAPITALES ET DES VILLES

LES PLUS REMARQUABLES.

PARIS

ET SES ENVIRONS.

Paris, à son origine, ne fut qu'une réunion de quelques huttes de pêcheurs, dans une petite île de la Seine, aujourd'hui la Cité. Sa position fit toute son importance; les Romains la trouvèrent déjà grande ville et l'agrandirent encore. Plus tard, quand le christianisme eut affaibli leur domination, Paris devint l'une des résidences des rois de la France naissante. Sous chacune de ces races princières, Paris reçut de notables accroissements. Le Paris de Louis XIV ne ressemblait guère au Paris des premiers monarques capétiens : déjà il prenait cet aspect de grandeur qui convient si bien à cette tête de la civilisation moderne; ses portes se changèrent en arcs de triomphe; les magnifiques places Vendôme et des Victoires, la superbe colonnade du Louvre, les Champs-Élysées, le jardin des Tuileries, le pont Royal, l'Hôtel des Invalides, l'Hospice des Enfants-Trouvés, l'Observatoire, la manufacture des Gobelins, celle des glaces, l'éclairage des rues, sont des créations ou des améliorations de ce règne, qui a donné son nom au siècle. Sous Louis XVI, Paris reçut d'autres embellissements et quelques établissements d'utilité publique; de ce nombre furent les barrières, au nombre de cinquante-huit, et le nouveau mur d'enceinte.

D'immenses travaux, ordonnés par Napoléon, imprimèrent de plus en plus à Paris ce caractère grandiose qui manquait à ses splendeurs. C'est lui qui débarassa complètement les bords de la Seine des maisons qui obstruaient encore les quais et les ponts ; il fit élever de longues lignes de quais et quatre nouveaux ponts : celui d'Austerlitz, le petit pont de l'île Saint-Louis à la Cité, le pont des Arts et le pont d'Iéna. Des rues nouvelles furent ouvertes de toutes parts, et particulièrement la rue de Rivoli, dont un côté fut formé par une belle grille du jardin des Tuileries et l'autre par une ligne majestueuse de maisons avec galeries, uniformément bâties ; la rue Castiglione fut établie sur la même architecture, venant aboutir à la place Vendôme, où on éleva cette immense et superbe colonne triomphale de bronze conquis sur les nations ennemies. L'eau de la rivière d'Ourcq fut amenée de quinze lieues, par un canal, jusqu'à la Villette ; un grand nombre de fontaines jaillirent dans tous les quartiers ; des halles et marchés furent construits pour la vente de toutes les denrées. L'établissement d'abattoirs aux extrémités des faubourgs, délivra l'intérieur du danger et du spectacle révoltant des tueries d'animaux de boucherie. Le Louvre fut construit, et ses galeries reçurent ces précieux musées qui font l'admiration du monde. La place du Carrousel fut débarrassée des masures qui l'encombraient, une grille y fut posée, et une nouvelle galerie commença à s'élever du côté de la rue Saint-Honoré pour joindre le Louvre. Les fondements de la Bourse furent jetés, ainsi que ceux de l'arc de triomphe de l'Étoile, du palais du quai d'Orsay et de plusieurs autres monuments, et les églises furent réparées. La plus riche institution, la Banque de France, fut établie. Un arc de triomphe orna la place du Carrousel, un portique le palais du Corps-Législatif. Le Luxembourg fut entièrement restauré, son jardin agrandi. Sous Louis XVIII, Paris ne reçut aucun embellissement. Sous Charles X, on s'occupa particulièrement des églises ; aussi, plusieurs d'entre elles furent rebâties, restaurées ou embellies. C'est alors que l'on vit s'élever ces nombreuses galeries ou passages, superbes bazars où le commerce s'établit aussitôt. De charmants villages s'élevèrent aux portes de la ville. Les quartiers de la Chaussée-d'Antin prirent un accroissement considérable ; les Batignolles allaient devenir une ville.

Sous le règne actuel, toutes les grandes conceptions napoléoniennes ont été reprises ou poursuivies. C'est ainsi qu'a été achevé le majestueux arc de triomphe de l'Etoile et le palais du quai d'Orsay. Une galerie nouvelle a été ajoutée à la façade des Tuileries, l'intérieur du palais, ainsi que le jardin, ont subi diverses modifications. La place de la Concorde est devenue la plus belle de l'Europe ; ses fossés ont été plantés d'élégants jardins, ses pavillons ont été surmontés de colossales statues, emblêmes des principales villes du royaume ; des dallages ont couvert ses terrasses, des colonnes lampadaires, alimentées de gaz, ont éclairé ses chaussées ; deux bassins, élégantes fontaines, ont versé leurs eaux jaillissantes. La Madeleine s'est élevée et achevée, avec toute la majesté d'un temple antique et toute la splendeur d'un palais. Le Palais-Bourbon a offert aux députés de la nation une superbe tribune, le Luxembourg s'est accru de nouveaux bâtiments pour recevoir plus grandement la Chambre des Pairs. L'édifice consacré aux Beaux-Arts est devenu digne d'eux. Notre-Dame-de-Lorette a ouvert son élégante basilique

La plupart des églises ont été restaurées, même dans leurs anciennes structures, et particulièrement Saint-Germain-l'Auxerrois. Notre-Dame s'est trouvée assise au milieu d'une place, plantée d'arbres, formée sur l'emplacement de l'ancien archevêché. D'importants travaux d'assainissement, cette partie si utile, ont surtout été exécutés dans tous les quartiers. Ce qu'il y a de remarquable, sans doute, c'est la reconstruction et l'élargissement des quais, qui forment une immense et magnifique ligne plantée d'arbres depuis les Tuileries jusqu'à l'île Louviers. L'Hôtel-de-Ville a été accru de deux pavillons latéraux, d'une structure calquée sur l'ancien édifice, de deux ailes et d'une façade parallèle. De nouveaux et nombreux ponts ont donné passage sur tous les points de la Seine, celui du Carrousel est particulièrement remarquable. Le Panthéon a été achevé et son fronton a été décoré de superbes sculptures. De magnifiques galeries ont été ouvertes au Jardin-des-Plantes, pour le Muséum d'histoire naturelle. Une colonne de bronze est élevée sur la place de la Bastille ; les boulevarts ont été dallés, nivelés, embellis. La Cité, qui était un hideux repaire, est maintenant bien aérée, et des rues propres et bien alignées ont pris la place des bouges. Les abords de l'Hôtel-de-Ville sont débarrassés de leurs rues pestilentielles. La rue Rambuteau est une des plus belles de Paris. Des magasins qui sont de véritables cités s'élèvent de toutes parts. D'immenses embarcadères forment la tête de chemins de fer destinés à devenir les grandes lignes de viabilité dont le réseau va sillonner la France. Des fossés et de formidables remparts marquent aujourd'hui une plus vaste enceinte, conçue dans la prévision d'un accroissement de population. Des forts nombreux menacent et défendent la capitale, dont la transformation s'opère avec une prodigieuse activité.

Paris est aujourd'hui tout un monde, jamais on n'y vit autant d'hommes ni autant de mouvement. Après Londres, c'est la cité la plus populeuse de l'Europe. Comme centre commercial, elle est loin d'avoir la même importance que la capitale des Iles Britanniques. Mais elle est la vraie patrie des lumières, le foyer des arts, du goût et de la civilisation.

Paris, dont le dernier recensement porte la population à près d'un million d'habitants, sans compter la population flottante, possède dix-sept bibliothèques, qui présentent un total de plus de 1,267,000 volumes et de 95,000 manuscrits, des collections pour toutes les sciences et les arts, 33 sociétés académiques ou savantes, 260 de secours mutuels pour les ouvriers, 16 sociétés philanthropiques, 33,000 maisons, 1,280 rues, 59 places publiques, 32 passages, 58 impasses, 10 ports, 32 quais, 6 halles, 40 marchés, 49 églises, dont 3 sont consacrées au culte réformé, une synagogue, 12 hôpitaux civils, 13 hospices, 5 hôpitaux militaires, 27 théâtres, 13 prisons et 42 casernes. On entre dans cette ville par 58 barrières, toutes construites sur des modèles différents, mais presque toutes massives et sans élégance. Les boulevarts qui s'étendent depuis le pont d'Austerlitz jusqu'au temple de la Madeleine, sont remarquables par l'élégance et la variété des habitations qui les bordent, et font l'admiration des étrangers. La Seine, qui, traversant la ville d'orient en occident, la partage en deux portions inégales, est traversée par 22 ponts, dont l'un des plus remarquables par sa légèreté est celui du Carrousel, entre le pont des Arts et le pont Royal; il est construit en fonte, et sa chaussée, ainsi que ses trottoirs, sont revêtus en un béton bitumineux qui n'offre point les inconvénients du pavage.

On prend une idée plus ou moins favorable de Paris selon le côté par lequel on y entre. Si c'est par la route de Neuilly, le magnifique et gigantesque arc de triomphe, élevé à la gloire des armées françaises, la belle avenue qui traverse la superbe promenade des Champs-Élysées jusqu'à la place de la Concorde, les beaux édifices qui garnissent le côté septentrional de cette place, les colonnes en fonte dorée et les statues, représentant les principales villes de France, qui en décorent le pourtour, l'obélisque de Louqsor et les deux fontaines qui en ornent le centre, la vue du jardin des Tuileries, celle de la belle rue Royale, d'un côté, et du pont de la Concorde, de l'autre, la première laissant voir le beau portail de l'église de la Madeleine, et l'autre le fronton de la Chambre des Députés; la magnifique rue de Rivoli, que l'on suit; celle de Castiglione, devant laquelle on passe; la perspective qu'offre la place Vendôme, au milieu de laquelle s'élève la colonne de la Grande-Armée, surmontée de l'effigie de Napoléon; tout, dans cette traversée, qui conduit jusqu'à la belle rue de Richelieu, donne la plus haute idée de la capitale de la France. Si l'on arrive par la barrière Saint-Martin, la belle rotonde qui fait partie de cette barrière, le large bassin qui reçoit les eaux du canal de l'Ourcq, la largeur de la rue du Faubourg-St-Martin, que l'on suit dans toute sa longueur jusqu'au boulevard, où elle se termine par l'arc de triomphe de la porte St-Martin, tout y annonce encore une belle cité ; il en est de même lorsque l'on entre par la barrière de Vincennes : les deux grandes colonnes qui ornent cette barrière, la vaste place du Trône, celle de la Bastille, à laquelle aboutit la rue du Faubourg-St-Antoine, et sur laquelle s'élève la colonne monumentale érigée à la révolution de 1789 et à celle de 1830 ; les boulevarts qui se prolongent à droite et à gauche, sont des objets qui s'accordent avec l'idée qu'on doit se faire de cette noble cité ; mais la plupart des entrées qui regardent le sud-est n'offrent que des rues étroites, sales et tortueuses.

Les places publiques qui méritent d'être citées sont : la place de la Concorde, que l'administration municipale a embellie de statues, de trottoirs, de candélabres et de fontaines ; la place Vendôme, avec sa colonne triomphale en bronze ; celle des Victoires, avec sa statue équestre en bronze de Louis XIV, vêtu en empereur romain, bien qu'il soit coiffé de la grande perruque ; la place Royale, où s'élève une statue équestre de Louis XIII en marbre blanc ; celle du Carrousel, formée par les Tuileries et le Louvre, et que décore un arc de triomphe construit sur le modèle de celui de Septime Sévère à Rome, et orné de bas-reliefs qui représentent quelques-unes des victoires de Napoléon ; la place du Châtelet, avec une fontaine surmontée d'une colonne en forme de palmier, portant une Victoire en bronze doré ; la place de la Bourse, où s'élève, consacré à l'agiotage et au commerce, l'un des plus beaux monuments de Paris ; celle de Richelieu, que décore une fontaine dans le goût de la renaissance, à la place du monument expiatoire érigé au duc de Berry sur l'emplacement de la salle de l'Opéra, où il fut assassiné ; celle de l'Hôtel-de-Ville, dont une partie forme l'ancienne place de Grève, et où l'on voit s'élever l'hôtel-de-ville, ou plutôt la préfecture de la Seine, vaste édifice que l'on peut regarder comme l'un des plus beaux de Paris, enfin celle du Panthéon, sur laquelle s'élèvent un magnifique temple et l'École de Droit.

Parmi les principaux monuments de Paris sont le palais du Louvre et celui des Tuileries ; dans la rue de Rivoli, l'immense hôtel du Ministère des Finances ; près de la promenade des Champs-Elysées, l'Elysée-Bourbon ; sur la rive gauche de la

Seine, le palais de justice, l'hôtel des Monnaies, le palais de l'Institut, celui des Beaux-Arts, dans le goût de la Renaissance, celui du conseil d'Etat, celui de la Légion-d'Honneur, les palais de la Chambre des Pairs et de la Chambre des Députés, l'hôtel des Invalides, où reposent les restes de Napoléon, l'École Militaire, l'une des plus belles casernes de Paris.

Au nombre des églises les plus belles, il faut citer la Madeleine, Notre-Dame de Lorette, Saint-Roch, remarquable par son portail élevé, Saint-Germain-l'Auxerrois, monument dans le style ogival, et qui vient d'être complétement restauré; Saint-Eustache, dont on admire la hardiesse et la légèreté, mais dont le style, du commencement de la renaissance, contraste avec le style grec de son portail; la cathédrale, bel édifice du douzième siècle; Saint-Sulpice, avec son superbe portique, chef-d'œuvre de Servandoni; le Val-de-Grâce, avec sa coupole peinte à fresque par Mignard; enfin St-Germain des Prés, où l'on remarque quelques parties dans le style roman ou du onzième siècle.

Paris a donné le jour à un grand nombre de savants et de personnages célèbres. Nous citerons Molière, d'Alembert, Lavoisier, Quinault, Regnard, J.-B. Rousseau, Lemierre, Mercier, Picard, Richelieu, Condé.

Les rues de Paris, autrefois étroites, tortueuses et sales, changent chaque jour d'aspect. De nouvelles rues sont percées et les plus modernes sont pourvues de trottoirs. Quatre-vingt-trois fontaines publiques répandent dans tous les quartiers les eaux de la Seine, de l'Ourcq, d'Arcueil, des sources des prés St-Gervais, Belleville et Ménilmontant. Trois cent quarante bornes-fontaines sont répandues dans la capitale pour le nettoiement et la salubrité.

Des voitures, sous le nom d'omnibus, facilitent les relations entre particuliers; il existait, en 1815, 15,000 voitures, aujourd'hui on en compte plus de 61,000.

Des chemins de fer ont été construits, afin de rendre les communications plus faciles.

On remarque particulièrement, à Paris, les boulevarts plantés de chaque côté de deux rangs d'arbres, le Champ-de-Mars, les Champs-Elysées, le Jardin-des-Plantes, ceux des Tuileries et du Luxembourg, la rue de Rivoli, l'une des plus belles de l'Europe, formée d'un côté par le jardin des Tuileries, et de l'autre par une suite de belles maisons à portiques et uniformément bâties; la rue Royale, celles de la Paix, de la Chaussée d'Antin, Vivienne, Richelieu, etc. Paris ne le cède qu'à Rome pour le nombre et la beauté de ses édifices et de ses monuments publics.

Ses principales écoles sont celles de Médecine, de Droit, de Pharmacie, de Musique (Conservatoire), des Beaux-Arts, l'Ecole Polytechnique et l'Ecole normale, l'Ecole des Chartes, celle des langues orientales et celle des Ponts-et-Chaussées, celle des Mines, celle de l'Etat-Major, celle des Sourds-et-Muets et celle des Aveugles, le collége de France, les colléges royaux de Bourbon, Henri IV, Charlemagne, St-Louis, etc. Les théâtres les plus fréquentés sont le Grand-Opéra, l'Opéra-Comique, le Théâtre-Français, l'Odéon, les Italiens, le Gymnase, etc.

Les cimetières relégués hors des murs de Paris, sont ceux de Montmartre, du Mont-Parnasse et du Père-la-Chaise. Il existe aussi hors de Paris, dans sa partie méridionale, des Catacombes, immenses carrières où l'on a déposé, dans le dix-huitième siècle, les ossements provenant des cimetières de l'intérieur. L'Hôtel-Dieu, la Pitié, la Charité, les hôpitaux Saint-Antoine, Saint-Louis, du Midi, de la Maternité, des Enfants-Trouvés, des Orphelins, de la Salpétrière, du Val-de-Grâce; les hospices des Quinze-Vingts, Necker, Cochin, Beaujon, des Enfants malades, etc., sont les principaux établissements de bienfaisance. Une Université célèbre, qui comprend cinq facultés : une de théologie, une de droit, une de médecine, une des sciences physiques et mathématiques et une des lettres; un Institut royal divisé en quatre académies; une Académie royale de médecine, un Observatoire, un Bureau des longitudes; des Musées de peinture, de sculpture, d'architecture, d'antiquités et d'artillerie; des sociétés d'encouragement pour l'industrie nationale, l'enseignement mutuel, les sociétés littéraires dites philotechnique, philarmonique et artistique; celles de géographie, des antiquaires, etc. Un magnifique Jardin botanique, un Musée d'histoire naturelle, un Conservatoire des arts et métiers. Paris est divisé en 12 mairies ou arrondissements, administrés chacun par un maire et deux adjoints, et où l'on trouve un tribunal de paix et un bureau de bienfaisance. Ces douze arrondissements sont en outre subdivisés en quarante-huit quartiers, ayant chacun un commissaire de police, des écoles gratuites en tous genres.

Le nombre des manufactures et fabriques y est aujourd'hui considérable. La manufacture de tapisseries des Gobelins, celles des draps écarlates de Julienne, des tapis de la Savonnerie, des glaces de la rue Saint-Denis, et enfin celle des mosaïques, occupent entre elles le premier rang. Viennent ensuite les fabriques de gaze, de rubans, de fleurs artificielles, de bonneterie, de porcelaines, de couleurs, d'acides minéraux, d'acier poli, d'ouvrages d'ébénisterie et de meubles, de papiers de tenture et d'armes, d'instruments à cordes et à vent, d'optique, de mathématiques et d'astronomie, de bijouterie, d'orfévrerie et d'horlogerie, de carrosserie, de chapellerie, de coutellerie et autres dont les produits sont l'objet d'un commerce considérable; des fonderies en caractères, des imprimeries typographiques et lithographiques qui alimentent ses nombreuses librairies.

Paris forme la presque totalité du département de la Seine, qui se compose d'une partie de la ci-devant province de l'Ile-de-France, et est entièrement enclavé dans celui de Seine-et-Oise; il a environ 34 kilomètres du nord au sud, sur une largeur moyenne de 25 kilomètres et 155 kilomètres carrés (47,298 hect. car. de superficie). Il est divisé en trois arrondissements : Paris, Saint-Denis et Sceaux, lesquels sont subdivisés en vingt cantons qui comprennent soixante-dix-neuf communes. Sa surface est entrecoupée de collines et de plaines, et en général bien boisée. La Seine qui le traverse, reçoit la Marne, la Bièvre, les canaux de l'Ourcq et de Saint-Denis. Les environs de Paris doivent être considérés comme des accessoires de cette capitale.

Des sites enchanteurs embellissent les bords de la Seine : ici, Meudon est dominé par la belle terrasse de son château, monument du cardinal de Lorraine; là, Saint-Cloud, charmante résidence royale, rappelle l'ermitage qui servit d'asile à Clodoald, fils de Clodomir, fuyant le poignard de son oncle Clotaire; l'assassinat de Henri III, et la fameuse journée à la suite de laquelle Bonaparte s'empara des rênes du gouvernement.

VERSAILLES,

SEINE-ET-OISE.

A cinq lieues de Paris, Versailles étale la splendeur de son palais bâti par Louis XIV. Sa magnifique orangerie, et les châteaux des deux Trianons lui attirent une foule innombrable de curieux. C'est la patrie de Louis XVI, de l'abbé de l'Épée, de Ducis, du général Hoche et du maréchal Berthier; ses environs offrent des promenades délicieuses. Cette ville possède un bel hôpital, un vaste collége royal, une école normale primaire, un beau jardin botanique et trois sociétés savantes. Son immense palais vient d'être transformé, par la munificence éclairée de Louis-Philippe, en un magnifique musée national, où plus de quatre mille tableaux et un nombre considérable de statues sont destinés à rappeler tous les genres de gloire qui ont illustré les diverses époques de l'histoire de France; tous nos grands hommes, tous nos grands événements, y sont représentés. La cour même du château est devenue le vestibule d'un musée historique : au milieu s'élève une belle statue équestre en bronze, représentant Louis XIV dans le costume du temps; autour de cette cour on a placé les douze statues des grands hommes de la monarchie française qui décoraient le pont de la Concorde, à Paris, où leurs grandes proportions juraient avec les édifices environnants; sur un second plan s'élèvent les statues de quatre maréchaux de l'Empire. L'administration municipale de Versailles, s'associant aux grandes idées d'un prince ami des arts, a fait construire un abattoir dans un style monumental, et qui a coûté plus de 600,000 fr.; et sur l'ancienne place Dauphine, qui porte aujourd'hui le nom de Hoche, elle a érigé une statue en bronze à cet illustre enfant de Versailles.

CORBEIL.

SEINE-ET-OISE.

Corbeil est situé sur les bords de la Seine, au point où ce fleuve reçoit les eaux de la Juine (rivière d'Essone). Au commencement du neuvième siècle, cette ville n'existait pas. Une première aggrégation d'habitants se forma en 863. Autour du château de Paluau où avaient été apportées les reliques de saint Spire et de saint Loup, que l'on voulait mettre à l'abri des ravages des Normands. Ces reliques contribuèrent dans la suite à l'illustration de Corbeil. Ce lieu, d'abord très obscur reçut, en moins d'un siècle, une consistance qu'il n'avait jamais eue. Sa situation sur la route que suivaient les Normands, y fit établir un château et même un comte pour le défendre. Le premier comte connu s'appelait Haymon; il fonda l'église de Saint-Spire, où l'on voit encore son tombeau.

En 1357, Corbeil fut pillé par un chef de guerre, appelé le Bègue de Villaines; et ensuite, en 1358, par les Anglais et les Navarrais. En 1363, des gens d'armes français se jetèrent sur Corbeil, et y commirent des excès tels qu'auraient pu en commettre des soldats ennemis. En 1369, Robert Kanole, capitaine anglais, vint devant Corbeil et en brûla les faubourgs. Sous Charles VI, cette ville ne fut pas plus tranquille. En 1415, le duc de Bourgogne forma le projet de s'en emparer, afin d'affamer Paris; mais un corps de troupes du parti d'Armagnac, commandé par Barbazan, le prévint, occupa la ville et y mit une forte garnison. Le duc de Bourgogne vint l'assiéger, l'attaqua pendant un mois sans succès, et fut obligé de lever le siége. Le château, situé au bout du pont, sur la rive gauche, était vaste et bien fortifié pour le temps. Dans sa grosse tour, fameuse par son élévation, Charles VIII fit enfermer, en 1487, Georges d'Amboise, qui n'était encore qu'évêque de Montauban. A l'époque des guerres religieuses de la Ligue, Henri IV s'était porté avec son armée devant Corbeil, alors au pouvoir des Ligueurs. Le 19 avril 1590, cette ville lui ouvrit ses portes et tous les échevins et les notables vinrent les recevoir dans le faubourg. La ville éprouva encore diverses vicissitudes: Corbeil est aujourd'hui pour les céréales un marché des plus importants.

Vue de Corbeil. p 16.

BORDEAUX.

GIRONDE.

L'époque de la fondation de Bordeaux se perd dans la nuit des siècles. Cette ville devint, sous les Romains, la capitale de la seconde Aquitaine; ils la firent entièrement démolir pour la reconstruire (an 260 de notre ère) d'après les dessins et l'architecture des cités d'Italie, et l'embellirent de plusieurs beaux édifices. La splendeur antique de Bordeaux disparut avec la présence et par l'invasion des barbares. Vers 911, les ducs de Gascogne étant devenus paisibles possesseurs d'un des plus beaux pays, que leur enviaient les autres grands vassaux de la couronne, leurs rivaux, la firent rebâtir, et y appelèrent de nouveaux habitants.

En 1152, Bordeaux passa sous la domination anglaise par le mariage d'Eléonore de Guyenne avec Henri, duc de Normandie, depuis roi d'Angleterre. Son enceinte s'agrandit sous Henri II et sous Edouard III. Cette ville s'accrut et s'embellit sensiblement, après avoir été entièrement affranchie du joug étranger sous le règne de Charles VII, en 1451. Toutefois, la véritable splendeur de Bordeaux ne remonte guère au delà du règne de Louis XVI, époque où M. de Tourny, intendant de la province de Guyenne, étendit immensément son enceinte, et traça le plan des embellissements qu'on y admire.

La ville de Bordeaux est dans une situation magnifique et très avantageuse pour le commerce, sur la rive gauche de la Garonne, qui y forme un vaste port. Cette ville présente, à partir du magasin des vivres de la marine aux chantiers de construction, c'est-à-dire en suivant la courbure de la Garonne, qui a plus d'une lieue de développement, un croissant dont la partie orientale comprend la ville, et la partie occidentale le faubourg des Chartrons (remarquable par son étendue, par la beauté de ses édifices et par la richesse de ses habitants, presque tous adonnés au commerce). Quand on y arrive par eau du côté de Blaye, la largeur excessive de la Garonne, les vaisseaux de tant de pays différents et en aussi grand nombre, fixés au port, les édifices modernes qui s'élèvent sur les quais, et forment avec le fleuve un arc parfait, présentent le point de vue le plus varié et le plus admirable. L'arrivée à Bordeaux par Saint-André-de-Cubzac et Libourne offre encore un spectacle plus magnifique et plus grand. Bordeaux se divise en ville ancienne et en quartiers neufs. L'ancienne ville ne présente que des rues généralement étroites et tortueuses, des places irrégulières et resserrées, des maisons assez laides, presque toutes cependant en pierres de taille; mais les quartiers neufs sont d'une grande magnificence. La rue du Chapeau-Rouge, la plus grande et la plus belle rue de Bordeaux, dont la largeur forme une belle place oblongue depuis le port jusqu'au grand théâtre, s'étend jusqu'à l'extrémité de la ville, qu'elle divise en deux parties égales, l'ancienne au sud, et la nouvelle au nord. Les allées de Tourny, les différentes cours, l'hôtel de la préfecture, la salle de spectacle, le plus bel édifice en ce genre que possède la France, la bourse, le palais royal, la douane, le jardin public, et surtout le beau pont nouvellement construit sur la Garonne, sont des objets dignes d'admiration.

Le port embrasse presque toute l'étendue demi-circulaire de la rivière, et peut contenir plus de mille navires; il est sûr, commode, et offre un coup-d'œil imposant par la quantité de vaisseaux de toutes les grandeurs et de toutes les nations qui y sont continuellement mouillés. En tout temps, des navires de cinq à six cents tonneaux peuvent y arriver; ceux d'un tonnage plus élevé sont souvent obligés de laisser une partie de leur cargaison à Blaye ou à Pauillac. A l'une des extrémités du port se présente le superbe quartier des Chartrons; au centre est la place royale qui règne en fer-à-cheval sur la Garonne, et l'emplacement du château Trompette, maintenant remplacé par un quartier neuf et par de belles promenades; à l'autre extrémité sont les chantiers de construction.

La Garonne est bordée de quais larges, sans parapets, qui descendent par une pente douce jusqu'au bord du fleuve. Le quai des Chartrons est une des belles chaussées qui existent en France; il est bordé de maisons qui n'ont entre elles aucune uniformité, mais qui n'en présentent pas moins un ensemble aussi agréable qu'imposant par leur élévation et la beauté de leur architecture; on en compte près de trois cents, habitées par de riches négociants, ce qui rend ce faubourg l'un des plus beaux de l'Europe. Des chais ou celliers occupent une grande partie des Chartrons; il en est qui contiennent cinq ou six cents, et même jusqu'à mille tonneaux de vins. A l'extrémité inférieure du quai est l'ancien bâtiment du moulin des Chartrons, vaste établissement construit pour moudre mille quintaux de grains en vingt-quatre heures, au moyen de vingt-quatre paires de meules mues sans interruption par le flux et le reflux de la Garonne; mais le dépôt journalier des vases ayant obstrué les canaux, il sert aujourd'hui de magasin pour les tabacs et d'entrepôt pour les denrées coloniales.

Le pont de Bordeaux sur la Garonne est, sans contredit, le plus beau pont de l'Europe; décrété par Napoléon en 1810, il fut achevé le 1er octobre 1821. Il se compose de dix-sept arches; les sept du milieu ont plus de quatre-vingts pieds d'ouverture, et la première de chaque extrémité plus de soixante-trois pieds.

VIVIERS.

ARDÈCHE.

Viviers, ancienne capitale du Bas-Vivarais, est une très petite ville, bâtie sur la rive droite du Rhône, à quatre lieues du pont Saint-Esprit et à neuf de Valence.

Sa situation au milieu des roches calcaires qui hérissent les montagnes de cette rive du Rhône est plus effrayante encore que pittoresque. Viviers fut longtemps une cité triste et mal bâtie; les rues étroites et sales en rendaient le séjour malsain. Depuis un siècle, la ville s'est embellie et aérée; un de ses évêques y fit construire à ses frais, en 1732, un évêché qui est aujourd'hui un des plus beaux de France, par sa position, ses bâtiments et ses jardins. La cathédrale est bâtie sur un rocher qui domine la ville; c'est un vaste et antique monument, le chœur et le cloître appartiennent à l'architecture gothique. La nef est moderne. Au dessous de cette église s'élève un autre rocher taillé à pic et coupé en plate-forme; vu de loin, on dirait un château-fort; il porte le nom de *Rocher du Château*. Indépendamment de la tour de Viviers, vieux débris de l'époque féodale, on voit dans cette ville la *Maison des Chevaliers*, édifice de la renaissance, remarquable par la beauté de son architecture et l'élégance des ornements qui la décorent.

Le nom de Viviers est célèbre dans les guerres de religion. Déjà sous Philippe-Auguste, lors de la croisade contre les Albigeois, elle vit l'infortuné Raymond, comte de Toulouse, dépouillé d'une grande partie de ses biens et flagellé sur la place publique devant l'église; il fit hommage, la chaîne au cou, pour un fief qu'il dût reconnaître tenir du clergé. En 1562, Viviers servit de refuge aux Calvinistes du midi; ils avaient pour chef ce baron des Adrets, taureau furieux, comme l'appelle un vieux chroniqueur, qui de ses cornes renversait églises et bataillons entiers de catholiques. Lyon, Grenoble, Valence, Orange, Montélimart furent successivement le théâtre des exploits du baron des Adrets. Rien ne lui résistait.

Jusqu'au milieu du dix-huitième siècle, les évêques de Viviers avaient leur résidence à deux lieues de cette ville, à Bourg-Saint-Andéol. C'est là que l'on voit, près de la fontaine de Tournes, un curieux monument consacré au Dieu Mithras, sous la figure d'un jeune homme, coiffé d'un bonnet phrygien, et couvert d'un manteau volant. Il dompte un taureau sur lequel un chien s'élance; un énorme serpent le seconde dans cette lutte.

Obélisque d'arles, p 21.

Tour de Viviers, p. 20.

ARLES.

BOUCHES-DU-RHONE.

La ville d'Arles faisait partie de la ci-devant Provence. Elle est située un peu au dessous de l'angle du delta que forme le Rhône par sa division en deux branches. Son enceinte, tracée par de vieux remparts, embrasse une surface de soixante-dix-huit hectares. Les rues y sont assez spacieuses ; elles sont pavées en cailloux. Les quais sont pavés en dalles et fort spacieux : les places sont en petit nombre ; on n'en compte guère que trois; la place Royale, autour de laquelle sont : l'Hôtel-de-Ville, les prisons, le Musée et la façade de l'église Saint-Trophyme, et ayant pour principal ornement un obélisque antique ; la place du Plan de la Cour, et la place des Hommes. La place Royale sert de marché, de promenade d'hiver et de cirque pour les combats de taureaux.

Ses abords et ses promenades sont des plus agréables. Un des plus curieux monuments d'Arles est l'aqueduc dans lequel est reçu le canal de Craponne. Cet aqueduc, long de six cent soixante-deux mètres, est formé par quatre-vingt-quatorze arcades et soutenu lui-même par le pont de Crau, qui consiste en cinquante-sept arcades plus grandes que celles de l'aqueduc et séparées par des massifs de maçonnerie. L'amphithéâtre d'Arles, monument de la magnificence romaine, domine la ville et étonne par son immensité : la longueur du grand axe est de cent-quarante mètres, et sa largeur ou l'étendue de son petit axe est de cent trois mètres; il a dû avoir quarante-trois rangs de gradins et contenir vingt-quatre mille spectateurs.

L'obélisque d'Arles, en granit de l'Esterel, est le seul monolithe de granit exécuté hors de l'Egypte. Ce fut en 1389 qu'on en fit la découverte, mais il ne fut retiré de terre que sous le règne de Charles IX. En 1676, on l'érigea sur la place Royale ; un globe fleurdelisé fut placé à sa cime, et des inscriptions gravées sur son piédestal le dédièrent à Louis XIV, alors régnant. L'obélique a quarante-sept pieds de long, cinq pieds trois pouces de largeur à sa base, et porte sur quatre lions; le piédestal a quatorze pieds de hauteur ; ainsi, le monument entier a soixante-deux pieds d'élévation. Arles est séparé de Trinquetaille, qui en était le faubourg, par un joli pont de bateaux.

COLLIOURE.

PYRÉNÉES-ORIENTALES.

Collioure, petit port du Roussillon, est situé au pied des montagnes; c'est un des endroits les plus pittoresques de la côte que baigne la Méditerranée. Son port, bien moins sûr et plus petit que celui de Port-Vendres, ne peut guère contenir que des tartanes, dont se servent les habitants pour leur commerce avec l'Espagne, commerce qui ne consiste que dans l'échange des productions des deux pays. On y voit aussi une multitude de barques de pêcheurs. Collioure n'a point de monuments. Les Français l'assiégèrent en 1643, les Espagnols la prirent en 1793, et les Français la reprirent le 27 mai 1794.

GAP.

HAUTES-ALPES.

Gap, autrefois capitale du Gapençois, division du Dauphiné, est aujourd'hui chef-lieu du département des Hautes-Alpes. Son nom latin est *Vapincum*. Cette ville est située dans un vaste bassin qui paraît avoir été un lac à une époque reculée. Elle fut comptée au nombre des cités de la Gaule lorsqu'on la divisa en dix-sept provinces. Démétrius, disciple de saint Jean l'évangéliste, avait commencé à y prêcher la foi, dans la sixième année du règne de Domitien; le siége épiscopal y fut établi au commencement du quatrième siècle, et, cent ans après, il fut occupé par Constantin. L'un de ses successeurs, en 970, obtint la moitié des droits de suzeraineté à Gap, par la munificence de Guillaume Ier, comte de Provence. En 1184, l'évêque se qualifiait seigneur et comte de Gap. A la fin du douzième siècle, Gap jouissait de moulins, de fours banaux, du consulat et de priviléges particuliers. L'évêque et le dauphin firent, en 1256, un traité pour se partager tous ces droits; le premier avait les clefs de la ville; il faisait les proclamations, et rendait, en commun avec le second, la justice seigneuriale.

Vue de Gap, p. 22.

Vue de Collioure, p. 22.

Les comtes de Provence, prétendant la haute souveraineté sur cette ville, y firent arborer, en divers temps, leurs armes et bannières. Les évêques de Gap perdirent leur titre de princes sous François Ier.

Gap, pris, repris et dévasté par vingt peuples barbares, eut beaucoup à souffrir des guerres de religion; sur la fin du règne des Valois, le curé de Freissinières prit les armes pour chasser les calvinistes; mais lui-même fut contraint à la fuite. Lesdiguières s'empara de Gap; il passa au fil de l'épée la jeunesse que commandait le chanoine Lapalu; il y entra une seconde fois, la nuit, par escalade, au milieu du désordre d'une fête, et, pour s'y maintenir, il rétablit en treize jours, sur la hauteur de Puymore, la forteresse des Sarrasins; Lesdiguières résida à Gap, ne relevant que de Henri IV, alors seulement roi de Navarre. La révocation de l'édit de Nantes fut fatale à l'industrie des Hautes-Alpes : Gap y perdit son commerce; Orpierre vit s'éloigner les deux tiers de ses habitants, et les maisons de Saint-André de Rosans n'offrirent plus que les cintres des boutiques murées. Au commencement du dix-septième siècle, la population de Gap s'élevait à seize mille âmes; maintenant, tout son territoire n'en contient guère que la moitié; vingt ans après la révocation de l'édit de Nantes et le sac de la ville, en 1692, Gap ne comptait plus que quatre mille âmes.

Il ne reste dans cette ville que très-peu de traces d'antiquité, des débris de colonnes, et, autour de son enceinte, à une profondeur considérable, des tombeaux en pierre de mosaïque. A une lieue de Gap, sur une hauteur, se trouve la Tour-Ronde où l'on avait élevé un fanal qui correspondait avec ceux de Montrond, Montmaur, Malmort, ainsi qu'avec les tours et les forteresses assises dans le Champ-Saur, et dont les vestiges sont venus jusqu'à nous, accompagnés de merveilleuses histoires. Ces tours, la plupart en ruines, sont probablement l'ouvrage des Sarrasins. Dans une chapelle de la cathédrale, on admire le mausolée du connétable Lesdiguières; la masse de son sarcophage est en marbre noir, les bas-reliefs qui retracent ses nombreux exploits sont en albâtre. Le guerrier est représenté avec son armure, couché et appuyé sur le coude; ses traits ont quelque ressemblance avec ceux de Henri IV. On rapporte qu'il tint en charte privée Jacob Richier, son sculpteur, jusqu'à ce qu'il eût fini ce bel ouvrage.

HONFLEUR.

CALVADOS.

Honfleur, ancienne ville de la Normandie, est comprise dans le département du Calvados. Son nom latin est *Hunoflotum*; elle est située entre la côte Vassal et celle de Grâce, sur la rive gauche de l'embouchure de la Seine, et dans une position extrêmement favorable aux opérations maritimes. Elle occupait, dans les temps moyens de la monarchie, un rang honorable parmi les ports de la province; sous le règne de François Ier, elle était pourvue d'un château, de murailles et de portes défendues par des bastions dont il reste encore des débris. Honfleur présentait alors le seul point d'où l'on pût défendre l'embouchure de la Seine contre les flottes ennemies. Quelques chroniques font remonter son origine au temps de Jules César; d'autres veulent qu'un chef d'aventuriers, dont les soldats rançonnaient les bâtiments qui naviguaient dans ces parages, en ait été le fondateur. Honfleur fut souvent le théâtre d'événements remarquables, tant à l'époque de l'invasion de la Normandie par les Anglais, que lors des guerres civilles soutenues dans ce pays par les Calvinistes. Assiégée en 1440 par les premiers, prise en 1562 par les seconds, reprise la même année par le duc d'Aumale, cette ville était tour à tour la proie des différents partis qui se disputaient sa conquête, lorsque Henri IV s'en empara.

L'intérieur du port de Honfleur renferme deux bassins; le premier a été commencé en 1684 : mal entretenu, il n'est presque d'aucun usage; le second, autorisé par lettres patentes du 28 août 1786, rend encore quelques services au moyen d'une écluse de chasse, dont l'action suffit à peine à l'entretien du chenal. L'avant port est assez spacieux; il peut y entrer des vaisseaux tirant jusqu'à 16 pieds d'eau. Le port de Honfleur est parfois assez fréquenté; on y voit quelques gros navires qui viennent y déposer les produits de leurs courses lointaines, à côté de petites embarcations consacrées uniquement, soit au cabotage, soit à la pêche. Cette dernière occupation est une branche d'industrie très productive sur ces rivages.

La population, d'environ quinze mille âmes au dix-septième siècle, est à peine aujourd'hui de huit mille individus, employés, les uns à la fabrication de la dentelle, les autres à l'élaboration de quelques produits chimiques, tels que l'alun, l'a-

Honfleur. p. 40.

Vue de Caen, p. 25.

cide sulfurique, le sulfate de fer, etc., travaux auxquels la ville est en partie redevable du reste d'activité qui l'anime. Le port de Honfleur a fourni d'intrépides navigateurs. C'est de ce lieu que Binot Paulmier de Gonneville, parti pour les Indes, fut jeté sur la côte de Madagascar, qu'il prit pour celle des Terres-Australes. En 1617, le nommé Lelièvre, natif de Honfleur, sortit de Dieppe avec trois vaisseaux pour Java, Achem et Sumatra, et commença des liaisons commerciales avec les souverains de ces contrées. Pierre Berthelot, pilote de Honfleur, se signala dans les Indes par son habileté dans la navigation et par sa bravoure ; il se fit carme déchaussé, continua d'exercer sa profession, et souffrit le martyre en 1639 dans la ville d'Achem. Enfin, Honfleur bâtie en amphithéâtre au pied d'une colline, au sommet de laquelle on parvient par une pente insensible, présente, lorsqu'on arrive par la route de Rouen, un coup-d'œil attrayant. A l'entrée du port, les restes d'un vieux château, appelé la Lieutenance, contribuent à rendre la perspective plus intéressante.

A l'ouest de la ville de Honfleur, on rencontre, au sommet d'une côte escarpée, située sur les bords de la Seine, la chapelle de Notre-Dame-de-Grâce, petit monument remarquable par les visites religieuses dont il est l'objet. Quelques capucins, par l'entremise desquels les pèlerins venaient adresser leurs suppliques à la Vierge, desservaient autrefois cet asile, encore rempli des offrandes et des *ex voto* présentés par la reconnaissance des matelots à leur céleste protectrice.

CAEN.

CALVADOS.

Caen, belle et grande ville, ancienne capitale de la Basse-Normandie, aujourd'hui chef-lieu du département du Calvados. Cette cité située dans une grande et fertile vallée, entre deux belles prairies sur les rivières de l'Orne et l'Odon est remarquable par la régularité de ses rues et la belle construction de ses maisons et de ses monuments. Quoique ceux-ci soient presque gothiques, ils ont cependant une apparence de fraîcheur et de nouveauté qui surprend, quand on songe à l'époque de leur fondation. Cet avantage est dû à la qualité et à la beauté des pierres qui ont servi à leur construction. Toutes ont été tirées des carrières avoisinantes.

Ce n'est qu'à dater de la cession de la Neustrie aux Normands par Charles-le-Simple, en 912, que l'on commence à pouvoir parler de Caen avec quelque certitude historique. Il paraît que cette ville avait déjà une grande importance, puisque, à l'occasion d'une entrevue qui eut lieu trente-trois ans plus tard entre Richard Ier, duc de Normandie, et Louis IV, roi de France, elle est cité dans une ancienne chronique comme une des bonnes villes de la province. Quoi qu'il en soit, son accroissement fut considérable sous les ducs et surtout sous Guillaume-le-Conquérant. C'est à ses soins que sont dûs les deux plus beaux monuments de Caen, l'abbaye de Saint-Etienne, dite l'Abbaye-aux-Hommes, et celle de la Sainte-Trinité, dite l'Abbaye-aux-Dames.

L'abbaye de Saint-Etienne est remarquable par l'élégance de ses doubles clochers. Tout à côté de la porte de l'église est celle des bâtiments qu'occupaient anciennement les moines, et où l'on a placé, depuis la révolution, un collége de l'Université.

Quant à l'Abbaye-aux-Dames, ou de la Trinité, on en a fait un hôpital.

Le port de Caen ne peut être considéré que comme un petit port de cabotage assez insignifiant; il ne reçoit que des bâtiments de 150 à 200 tonneaux, et tout le commerce maritime de cette ville est concentré dans les mains de trois ou quatre armateurs. Les dangers que présente l'entrée de l'Orne, obstruée par des monceaux de sable, et l'impossibilité actuelle de naviguer sur son cours supérieur, laissent végéter Caen au rang des ports les plus secondaires.

On se rappelle encore qu'en 1762, les Anglais surent faire tourner contre nous les avantages que présente la rade de Colleville, en y faisant stationner une escadre pendant près de six semaines. Deux détachements tentèrent même une descente sur la côte; mais ils furent repoussés par un sergent garde-côte, nommé Cabieux. A la faveur de la nuit et d'un brouillard fort épais, ce brave résolut de tenir tête à l'ennemi. Quand les Anglais furent à distance, il les arrête par le cri de *Qui vive!* et en lâchant son coup de fusil; puis il se replie, et pendant que l'ennemi avance de nouveau, il charge de nouveau en courant et recommence son ingénieux manége à plusieurs reprises. Arrivé à un pont en bois qu'allaient franchir les Anglais, Cabieux s'empare de la caisse abandonnée par un tambour des garde-côtes, et, jouant dans l'obscurité le double rôle d'un officier et d'un simple tambour, simule le commandement d'un feu de file, bat la charge, en frappant de ses pieds le plancher du pont aussi rapidement que possible, pour imiter les pas d'une troupe. Cette dernière scène acheva d'intimider les Anglais, qui crurent avoir affaire à des soldats nombreux et s'enfuirent à la hâte, laissant sur la côte un officier mortellement blessé.

BESANÇON.

DOUBS.

Besançon (*Vezontio*), ancienne capitale de la Franche-Comté, est aujourd'hui le chef-lieu du département du Doubs et le siége d'un archevêché, qui a pour suffragants les évêques d'Autun, Strasbourg, Dijon, Nancy et Metz. Ses fortifications ont un développement considérable, sa citadelle postée sur un rocher élevé qui commande la ville est, dit-on, antérieure de quatre cent cinquante ans à la fondation de Rome. Besançon est située sur le Doubs. Cette ville était déjà très importante lorsque César entreprit la conquête des Gaules ; c'est de là qu'il marcha contre Arioviste qui s'avançait des bords du Rhin avec une armée formidable. Lors de la division de la Gaule en provinces romaines, Besançon devint la capitale de celle qui reçut le nom de *Maxima Sequanorum* ; à la chute de l'empire, elle conserva sa prééminence, et fut le siége ordinaire des premiers rois, et ensuite des comtes de Bourgogne. Besançon reçut de Henri l'Oiseleur, avec le titre de ville impériale, des franchises et des priviléges qui l'aidèrent à recouvrer une partie de son antique splendeur. Au onzième siècle elle entra dans la ligue des villes anséatiques, et longtemps elle fut comptée parmi les principales places de change de l'Europe. Charles-Quint lui accorda le droit de battre monnaie, et lui donna ses propres armes. Placée au centre du comté de Bourgogne, cette ville formait avec son territoire assez circonscrit un état indépendant qui avait ses lois et ses coutumes spéciales. Les Suisses, dont elle s'était ménagé l'alliance, et les rois d'Espagne, ses protecteurs naturels comme souverains du comté de Bourgogne, l'aidèrent longtemps à se défendre contre les attaques de la France. Mais elle ne put résister aux armes de Louis XIV.

Besançon est divisée en deux parties, que réunit un pont de fondation romaine. Appuyée à l'est contre le mont Cœlius, elle s'étend dans une plaine baignée de tous côtés par les eaux du Doubs, qui en forme une presqu'île, embellie de part et d'autre des plus riants aspects. Quelques murs élevés au dessus du mont Cœlius furent longtemps les seules fortifications d'une ville que sa position rendait presque imprenable. Lorsque la poudre et l'artillerie remplacèrent les machines de guerre des anciens, le fort Griffon fut construit à l'extrémité de la ville que le Doubs laisse sans protection, et des remparts garnis de meurtrières s'élevèrent dans les endroits dont la faiblesse pouvait laisser un passage à l'ennemi. Plus tard, entre les deux conquêtes de la Franche-Comté par Louis XIV, les Espagnols commencèrent sur le mont Cœlius une citadelle que la marche rapide des armées de France ne leur laissa pas le temps de terminer; elle fut achevée par Vauban, à qui l'on doit également la restauration du fort Griffon.

Le sol de Besançon est riche en antiquités; dans quelque endroit qu'on le fouille, on en extrait des médailles romaines. Des constructions récentes dans la partie haute de la ville ont découvert des bains publics, des chapiteaux, des colonnes, des fragments d'une statue colossale de marbre. Il n'est pas un seul quartier où l'on n'ait rencontré des pavés de mosaïque; enfin, les ruines de temples ou d'édifices dispersées dans cette enceinte, attestent, comme l'histoire, que cette cité était, sous la domination romaine, une des principales villes des Gaules. Des nombreux monuments anciens qui la décoraient, il ne reste plus que l'aqueduc d'Arcier, construit sous les Antonins et qui a plus de deux lieues d'étendue, et un arc de triomphe que sa teinte sombre a fait appeler, dès le dixième siècle, Porte-Noire, *Porta-Nigra*. Un obstacle presque insurmontable s'opposait à son entrée dans Besançon; un énorme mur de rochers dont la rivière baigne le pied, lui fermait le passage;

la patience des Romains vint à bout de le percer. C'est cette ouverture, agrandie sous Louis XIV, qu'on nomme aujourd'hui la Porte-Taillée.

L'arc de triomphe de Besançon se trouve placé maintenant entre deux lignes de bâtiments, de sorte que l'on ne peut pas l'examiner dans toutes ses faces. On ne sait rien de positif sur l'objet ni sur l'époque de sa construction, il paraît être de l'époque du Bas-Empire.

L'église cathédrale de Saint-Jean, grand bâtiment d'ancienne fondation, fut reconstruite dans le onzième siècle par l'archevêque Hugues Ier; le style, qui participe du gothique et du sarrasin, est d'un aspect imposant. L'église a trois nefs, divisées par des colonnes ovales, bizarres, mais élégantes; les vitraux sont peints; les fenêtres, fort petites, ne laissent pénétrer dans l'église qu'une faible clarté qui ajoute à la majesté de l'édifice. Besançon possède plusieurs autres églises, toutes de construction moderne.

Un autre monument digne d'attention est le palais du cardinal de Grandvelle, fils du chancelier de Charles-Quint. De temps immémorial, Besançon avait possédé des écoles célèbres. A la renaissance des lettres, les magistrats s'empressèrent d'établir des écoles pour l'enseignement des langues anciennes et de la philosophie. Dès le milieu du seizième siècle, les Grandvelle y fondèrent un collége pour les langues orientales et la théologie, et ils dotèrent cette précieuse institution avec une magnificence vraiment royale. Pour compléter le système d'enseignement, alors suivi dans le reste de l'Europe, il ne manquait plus à Besançon que des chaires de droit, de médecine, et le privilége de conférer des grades, réservé aux universités; secondés par le cardinal de Grandvelle, les magistrats obtinrent du pape une bulle portant érection d'une chaire de droit à Besançon, et ils l'offrirent à Cujas. Aussitôt que Besançon se fut soumise à Louis XIV, l'université de Dôle fut transférée à Besançon, où elle a existé pendant près d'un siècle, avec éclat.

Les habitants de Besançon ont toujours fait preuve de courage, et l'histoire a consigné plusieurs époques glorieuses pour cette ville. En 406, elle résista aux hordes de Vandales, en 413 aux Germains, en 451 aux Huns; dans le treizième siècle elle repoussa les bandes allemandes, et dans le quinzième, à trois époques différentes, les Bourguignons et les Anglais échouèrent devant ses murs. Enfin, en 1814, Besançon fut assiégée sans succès par les armées des puissances coalisées. L'horlogerie de Besançon est justement renommée.

PÉRONNE.

SOMME.

La ville de Péronne, bâtie sur un monticule, et défendue par des fortifications, serait une des plus fortes places de France, si elle n'était dominée par des hauteurs : toutefois, elle peut se glorifier de n'avoir jamais été prise. Parmi les siéges qu'elle eut à soutenir, on cite celui de 1536 ; elle se défendit avec le plus héroïque courage contre une armée nombreuse.

La plupart des maisons de cette ville sont construites en briques, de même que ses remparts, qui offrent de jolies promenades, ombragées par de beaux arbres, et embellies encore par le cours de la Somme. Péronne divisée en haute et basse ville, et précédée de deux faubourgs, renferme quelques belles rues, une place assez remarquable, et plusieurs églises curieuses. Sa population s'élève à près de quatre mille habitants, dont le principal commerce consiste dans la fabrication des tissus de fil et de coton.

C'est à Péronne que fut signé entre Charles-le-Téméraire et Louis XI le fameux traité de 1468.

Louis XI s'était fait un ennemi irréconciliable du fils de Philippe-le-Bon, maître de la Bourgogne, de la Franche-Comté, de la Flandre, de l'Artois, des places sur la Somme et de la Hollande, et, ayant excité les Liégeois à faire une perfidie à ce duc de Bourgogne et à prendre les armes contre lui, il s'était remis en même temps entre ses mains à Péronne, croyant le mieux tromper. Mais aussi, étant découvert, il se vit prisonnier dans le château de cette ville et forcé de marcher à la suite de son vassal contre ces Liégeois mêmes qu'il avait armés. Jamais souverain n'éprouva une plus grande humiliation.

Place d'armes de Péronne, p. 30.

Saint-Quentin, p. 31.

SAINT-QUENTIN.

AISNE.

Saint-Quentin, dont l'antiquité est incontestable et l'origine très-obscure, se nommait, du temps de l'occupation romaine, *Augusta Viromanduorum*. C'est le nom qu'elle reçut de l'empereur Auguste, qui y plaça une colonie et en fit la capitale de la Gaule Belgique. Après la chute de l'empire, les Vandales, les Huns et les Francs l'envahirent tour à tour. Ouverte à toutes les incursions, elle cède aux Barbares, qui ne lui laissent pas pierre sur pierre. Sous la première race des rois de France, le Vermandois, dont Saint-Quentin était la capitale, reçut un comte qui y fit sa résidence. Sous Philippe-Auguste, elle arma de bonnes batailles de lances qui se distinguèrent auprès du preux monarque, à Bovines : un habitant de Saint-Quentin, Wallon de Montigny, portait l'oriflamme, et Philippe VI adopta, en 1330, pour garder sa personne royale, *les arbalétriers et pavésiens* de ladite ville. Vers la fin du quinzième siècle, l'empereur Maximilien la fit surprendre par un millier d'hommes bien armés ; mais la population les repoussa ; la plupart d'entre eux périrent, les autres prirent la fuite. Cependant Saint-Quentin fut prise en 1557, sous le règne de Henri II. Soixante mille Espagnols, Flamands, Allemands, Anglais et Écossais, ayant pour chef le duc de Savoie, représentant le roi d'Espagne Philippe II, s'en emparèrent après vingt-cinq jours de tranchée ouverte. La malheureuse cité éprouva tous les désastres ; elle fut pillée, ravagée, saccagée comme au temps des invasions du cinquième siècle. Les Anglais enlevèrent tous les ornements et les vases sacrés de la grande église ; les Espagnols prirent les tapisseries d'or qui reproduisaient l'histoire du martyre de saint Quentin : Philippe II en orna les vastes galeries de l'Escurial, somptueux monastère qu'il élevait à sa victoire. La ville fut dépeuplée à ce point qu'il n'y resta que deux habitants ; l'histoire a conservé leurs noms : l'un, simple ouvrier, s'appelait Penquoy ; l'autre, clerc bien famé, se nommait Simon.

Dans les longues guerres de religion sous François II et Charles IX, Saint-Quentin resta fidèle à la dynastie des Valois ; en vain Jean de Montluc chercha à s'en emparer : il échoua. Après la mort de Henri III, Saint-Quentin ouvrit ses portes à Henri IV.

La ville de Saint-Quentin est bâtie au sommet et sur le penchant d'une vaste colline, au bas de laquelle coule la Somme. Depuis 1732, le canal de Picardie l'environne d'une demi-ceinture plantée de beaux arbres, dans toute la partie de l'est ; elle est ouverte par trois faubourgs qui conduisent à Cambrai et au Cateau, à Guise et à La Fère, à Ham et à Péronne. Naguère un rempart de 1500 toises de circonférence entourait la cité ; six bastions, ouvrages des règnes de Louis XIII et de Louis XIV, la protégeaient ; la démolition s'est emparée de tous ces vieux débris : à peine quelques fragments sont debout. La cathédrale, si ancienne, où se conservent les reliques du martyr qui a donné son nom à la ville ; l'église Saint-Jacques et l'hôtel-de-ville sont les seuls édifices épargnés par la destruction. Quoique irrégulières, les rues principales de Saint-Quentin sont larges et bien percées. Le dernier siècle y a mis de beaux édifices ; le siècle actuel des maisons de quelque magnificence. La grande place, presque au centre, peut passer pour un monument ; au milieu d'une des quatre façades, un hôtel-de-ville, porté sur huit colonnes de grès formant arcades et galeries, surmonté d'une lanterne circulaire et à jour, avec un carillon et une horloge, déploie des formes singulièrement antiques ; il fut construit en 1509. En face et au milieu de la place, un puits, remarquable par sa vaste circonférence et par sa construction légère, appelle l'attention. Derrière la place, mais à une très-petite distance, et également en regard de l'hôtel-de-ville, s'élève, attachée à l'ancienne église paroissiale de Saint-Jacques, une tour carrée, lourde bien que moderne, avec un petit donjon octogone que la ville a fait placer sur son couronnement pour servir de beffroi.

Déjà au douzième siècle, Saint-Quentin avait adopté une branche spéciale d'industrie ; on fabriquait, dans les corporations, le drap et la *sayette*. Philippe-le-Long institua une foire franche, et, par lettres-patentes, la fixa au jour de Saint-Denis. Toutefois, pendant plus de trois cents ans, Saint-Quentin resta dans sa laborieuse obscurité industrielle. Dans le seizième siècle, des fabriques de toile de lin, descendues de la Hollande en Belgique, et de la Belgique à Valenciennes et à Cambrai, arrivèrent à Saint-Quentin avec une famille flamande. Des établissements se formèrent bientôt, et, en 1595, époque de leur naissance, ils brillaient d'un vif éclat et d'une merveilleuse prospérité. Aujourd'hui, Saint-Quentin met en œuvre, au moyen d'environ six mille ouvriers, un quart en hommes, la moitié en femmes et un quart en enfants, le quarantième des cotons que la France reçoit chaque année. Les filatures de Paris, de Lille et de Roubaix fournissent aussi une quantité considérable de leurs produits aux fabriques de Saint-Quentin, et près de quinze cents

Bayonne, p. 33.

personnes sont employées au blanchiment des toiles et aux apprêts des étoffes de coton.

Saint-Quentin communique par un canal avec l'Oise, de cette rivière avec la Seine, et de la Seine, par le canal de Briare, avec la Loire; un autre canal la met en communication avec la Belgique et la mer d'Allemagne.

BAYONNE.

BASSES-PYRÉNÉES.

Bayonne était habitée dès le troisième siècle de notre ère; elle fut lente à prendre de l'accroissement, et on la voit peu figurer dans les premiers siècles de la monarchie; il paraît, par le silence des historiens et par son enceinte, qu'elle n'était pas très-considérable. Tout le pays devait alors n'offrir qu'une vaste solitude; le passage des Goths et des Wisigoths des Gaules en Espagne exposait les habitants aux ravages de ces hordes de barbares. Ce n'était pas le seul fléau dont ces terres étaient frappées; les Gascons, qui n'étaient point encore établis en deçà des Pyrénées, descendaient des montagnes, et comme la guerre était leur unique métier, le pillage leur unique ressource, ils s'en retournaient chargés de butin. Un pays perpétuellement dévasté par le fer et les flammes devait être sans commerce et sans industrie; voilà sans doute la cause de la longue obscurité où Bayonne est restée.

Vers le milieu du sixième siècle, l'empereur Julien fit une guerre opiniâtre aux Maures et aux Sarrasins; il les poursuivit jusqu'au-delà des Pyrénées, et pénétra même dans le royaume de Castille. Au retour de ses conquêtes, il s'arrêta longtemps à Bayonne, qu'il choisit pour chef-lieu du pays de Labour, en latin *Lapurdum* Cette ville était alors moins connue sous ce nom, que par celui de *Baia-Ona*, qui, dans l'idiome basque, signifie bonne baie; ce ne fut que dans le huitième siècle qu'elle reçut celui de Bayonne, nom qu'elle a conservé.

Située dans un charmant vallon formé par les trois coteaux de Saint-Etienne au nord, de Saint-Léon au midi, et de Mousserolles vers l'est, Bayonne est la seule ville de France qui jouisse de l'avantage inappréciable de voir une rivière et un fleuve lui apporter le tribut de leurs eaux, et par leur jonction y former un port d'une vaste étendue, à une lieue de distance de l'Océan. La Nive, tranquille, traverse paisiblement son enceinte, tandis que l'Adour, superbe et tumultueux, roule son onde rapide autour de ses murs extérieurs. La situation pittoresque de cette ville offre des points de vue nombreux et variés ; des ruines de l'ancien château de Mars, par exemple, on a devant soi la Nive qui partage la cité en deux parties inégales, dites le *grand* et le *petit Bayonne*, et l'on distingue les deux ponts qui réunissent les deux quartiers. Au-dessus de celui qui est le plus éloigné, et qu'on nomme le *pont Mayour*, on aperçoit la grande porte d'entrée de la citadelle, ses bastions, ses remparts et tout l'ensemble des bâtiments qu'ils renferment. L'Adour coule au bas du quartier du petit Bayonne, et ce fleuve, après avoir reçu les eaux de la Nive, forme, du côté occidental de la citadelle, le port spacieux, près duquel se trouve ce large quai ombragé d'arbres magnifiques, si connu sous le nom d'*allées Marines*. Enfin la cathédrale, commencée dans le temps où Bayonne était sous la domination de l'Angleterre, et achevée depuis la réunion de la Guienne à la France, en 1451, se présente ici sous son plus bel aspect. Cet édifice est un des plus beaux monuments du moyen âge ; mais c'est le seul que possède cette ville. Bayonne doit sa grande célébrité à son ancienneté, aux événements historiques dont elle a été le théâtre, à son importance comme place forte du royaume, qui exerce une haute influence sur le sort des pays circonvoisins, tels que la Basse-Navarre, l'Armagnac, la Chalosse, le Béarn et même le Bigorre. La richesse de ces provinces diminue ou augmente, selon que le commerce de Bayonne dépérit ou prospère ; c'est le résultat des moyens de communication que présente la réunion de la Nive et de l'Adour. Les habitants de Bayonne, jaloux de mériter la devise *numquam polluta* que portent les armes de leur ville, depuis l'époque où, seuls, ils la reprirent sur les troupes d'Edouard II, roi d'Angleterre, l'ont toujours défendue contre les forces ou la ruse des étrangers. Les Bayonnais ont été les premiers à entreprendre des courses lointaines sur les mers polaires, pour faire la pêche de la baleine ; ils sont excellents marins et habiles constructeurs de vaisseaux.

La citadelle et la ville de Saint-Esprit, presque entièrement habitée par quatre à cinq mille Juifs, peuvent être considérées comme parties intégrantes de cette cité.

Bayonne est à jamais célèbre, dans les fastes sanglants de la guerre, par l'invention de la baïonnette, dont les Basques savent faire un usage terrible.

La population de Bayonne est de 15,700 âmes.

Ruines d'un château, près Soissons, p. 37.

Porte Dore, à Fréjus, p.

FRÉJUS.

VAR.

On ne sait à quelle époque rapporter la fondation de Fréjus. Cette ville était déjà importante au temps de César, qui l'agrandit et lui donna le nom de *Forum Julii*, dont on fit par corruption *Frejuls*, puis *Fréjus*. Son port communiquait à la mer par un large et profond canal, et était si vaste qu'Auguste y fit conduire les trois cents vaisseaux qu'il avait pris à la bataille d'Actium.

La prospérité de cette cité alla croissant jusqu'au xe siècle ; mais les Sarrasins s'en étant emparés, la pillèrent et la réduisirent en cendres. Dès lors son port n'étant plus entretenu se combla graduellement du sable et du limon qu'il recevait d'un torrent nommé la Rivière-d'argent, en sorte qu'aujourd'hui l'endroit où l'on amarrait les vaisseaux et où se trouvent de gros anneaux de bronze scellés dans la pierre est à une demi-lieue de la mer.

Un grand nombre de constructions romaines, restées debout malgré l'action du temps et les barbares, attestent l'ancienne splendeur de Fréjus ; ce sont de tous côtés des tours, des aqueducs, des murailles, des statues, des arcs-de-triomphe. Le mieux conservé de ces monuments est celui appelé la *Porte-Dorée*, nom qui lui fut donné à cause des clous à tête d'or employés dans son assemblage et dont on conserve encore quelques restes. Cette porte, qui servait de communication entre la ville et le port, est si solide que bien que l'un de ses piliers soit dégradé, au point de n'avoir à sa base que le tiers de son épaisseur primitive, il subsiste ainsi depuis plusieurs siècles sans menacer ruine, malgré l'énorme maçonnerie qu'il supporte. La porte Dorée est un véritable arc-de-triomphe, dont quelques maisons voisines, bâties avec les débris de ce monument, montrent la magnificence primitive ; ce sont des chapiteaux, des bas-reliefs en marbre, des fragments de statues, etc.

Les autres principaux vestiges sont un cirque et un immense aqueduc qui amenait dans la ville les eaux de la Siagne. L'enceinte du cirque est bien conservée ; il est présumable que si l'on débarassait l'arène des décombres qui la couvrent et dont l'épaisseur dépasse 3 mètres, on la trouverait à peu près intacte ; on voit encore à la partie supérieure quelques fragments de corniches ; mais les siéges ont entièrement disparu. Quant à l'aqueduc porté sur un rang ou sur deux rangs d'arcades selon le plus ou le moins d'élévation du terrain, c'est un de ces édifices qui montrent la puissance de l'homme, douze de ces arcades qui subsistent encore n'ont pas moins de douze mètres d'élévation, et le conduit qu'elles portent a deux mètres de hauteur. Les arcades s'abaissent graduellement en s'éloignant de la ville, et elles viennent aboutir à un canal souterrain qui, à travers montagnes et rochers, parcourt soixante kilomètres et s'arrête à Monts où il prend l'eau. Cet aqueduc aurait pu être facilement réparé, et il eut continué à fournir à la ville des eaux abondantes et salubres... Au lieu de le réparer, on a aidé le temps à le détruire, et il s'est trouvé des administrateurs assez vandales pour autoriser les particuliers à démolir l'aqueduc pour en obtenir les matériaux nécessaires à quelques misérables constructions. Aussi la ville de Fréjus, privée d'eau, environnée de marais, fut-elle longtemps réputée pour être l'une des cités les plus malsaines de la France; il paraît cependant que cet état de choses s'est amélioré, puisque, au dire d'un auteur moderne, la plupart des marais seraient desséchés, et que les eaux seraient abondantes dans la ville : « Qu'il me soit permis, dit cet écrivain, d'exprimer mon étonnement de ce que les géographes modernes persistent à signaler Fréjus comme un pays malsain. Ce fut une vérité jadis, maintenant c'est une erreur.

Fréjus et ses environs sont le véritable jardin de la Provence; le climat y est d'une douceur admirable et partout dans les champs, sur les bords des chemins croissent l'oranger, le citronnier, l'olivier, l'aloès, etc. La ville est située dans une vaste plaine qui abritée à l'ouest par une chaîne de montagnes, s'étend au midi jusqu'à la mer, situation qui contribue à sa fertilité devenue proverbiale. Il n'est pas un coin de cette terre si féconde qui n'ait été foulé par les légions romaines, et à chaque pas le laboureur rencontre sous le soc de sa charrue, des débris qui attestent le haut degré de perfection où les beaux-arts furent portés par ces vainqueurs du monde.

SOISSONS.

AISNE.

Soissons était déjà une cité importante longtemps avant que la domination romaine s'étendît sur les Gaules ; mais elle n'était point fortifiée ; ce fut César qui, le premier, la fit entourer d'une muraille ; il y fit construire deux châteaux-forts, et quelques autres monuments dont on voit encore aujourd'hui les débris. Cette ville appartenait alors à la Belgique, dont elle était une des plus importantes cités. Plusieurs empereurs romains et entre autres Tibère et Néron séjournèrent à Soissons, et tous contribuèrent à son agrandissement par des monuments remarquables, jusqu'au temps où Clovis I, roi chrétien, ayant reconquis une partie des Gaules, établit sa résidence à Soissons, qui devint ainsi, en quelque sorte, la capitale de la France. Ce fut à Soissons que se célébrèrent les noces de ce roi lorsqu'il épousa Clotilde, qui devait convertir son époux et être placée plus tard au nombre des saintes que l'Eglise vénère.

Clovis, à ses derniers instants, ayant partagé ses domaines entre ses quatre fils, Clotaire, un d'eux, devint roi de Soissons. Plus tard, de prince ayant vaincu son fils, qui s'était révolté contre lui, et fait assassiner ses neveux, resta seul roi des Francs. Ce fut alors que, dévoré de remords, il quitta Soissons, sa capitale, pour se rendre à Noyon, près de l'évêque Médard, depuis canonisé, afin d'en obtenir la rémission de ses crimes ; mais au moment où le roi arrivait à Noyon, le saint rendait son âme à Dieu. Clotaire fit transporter à Soissons les dépouilles du saint prélat ; il suivit le convoi à pied, la tête couverte d'une voile noir, et il fit déposer ces précieux restes dans la chapelle du château de Crouy, palais qu'avait habité Clovis et Clotilde, et dont il faisait sa résidence habituelle, bien qu'il possédât Paris et toutes les autres grandes villes du royaume. De grands travaux furent immédiatement entrepris pour faire de cette chapelle un monument d'une grand magnificence ; mais la mort du roi les ayant interrompus, ils ne furent achevés que par les religieux attachés à la chapelle, et qui, en souvenir des bonnes œuvres de ce prince, placèrent son corps près de celui du saint évêque de Noyon.

Cette chapelle en s'agrandissant devint bientôt un monastère placé sous l'invocation de Saint-Médard ; puis le monastère fut érigé en abbaye laquelle devint si importante que plusieurs papes lui accordèrent des priviléges immenses, et qu'il s'y tint plusieurs conciles. Les religieux de cette abbaye étaient nombreux et puissants. Presque tous leurs supérieurs tinrent à honneur de laisser quelques traces matérielles de leur passage ; aussi la chapelle de

Crouy, admirablement entretenue, a-t-elle traversé les âges, et aujourd'hui même, après tant de tourmentes politiques qui ont changé la face de l'Europe, on voit encore à Soissons, sous les caveaux de l'abbaye de Saint-Médard, les effigies de Clotaire I et de son fils Caribert.

Soissons est célèbre à plus d'un titre dans les fastes du christianisme. C'est dans cette ville que, sous Dioclétien, deux ouvriers en chaussures, saint Crépin et saint Crépinien, se vouèrent à la prédication de l'Évangile. Ce zèle leur fut fatal : arrêtés par les ordres de l'empereur, ils furent soumis aux plus effroyables tortures, et moururent plutôt que d'abjurer leur foi. Plus tard, à ces deux généreux apôtres succédèrent Sixte et Sinice qui firent faire parmi les Soissonnais d'immenses progrès à la foi catholique, et furent aussi canonisés.

Soissons était autrefois riche en reliques ; on y montrait un manuscrit de saint Augustin, une ceinture et un soulier de la sainte Vierge, les reliques de saint Draussin, qui, avec celles de saint Crépin, saint Crépinien, saint Médard et autres, formaient une nombreuse collection.

Au temps de Charlemagne, et sous son fils Louis-le-Débonnaire, Soissons était dans toute sa splendeur. Sous ces deux règnes, l'abbaye de Saint-Médard s'enrichit considérablement ; mais à cette prospérité succédèrent des troubles, des révolutions, puis vint l'invasion des Normands, qui pillèrent la riche abbaye ; elle se releva cependant, mais dès lors elle n'offrit plus qu'un pâle reflet de sa magnificence passée, et aujourd'hui il n'en reste plus que des vestiges assez imposants toutefois pour faire l'admiration des touristes.

Ce fut à Soissons que la reine Frédégonde, d'odieuse mémoire, se livra à toutes ses fureurs, et là aussi l'illustre Abeilard fut contraint de brûler son livre et de faire amende honorable devant ses juges et ses bourreaux.

Après avoir tenu une si grande place dans notre histoire, Soissons n'est plus aujourd'hui qu'une modeste et paisible cité, dont l'ancienne importance ne se révèle que par des fragments et des décombres. Outre les ruines de l'abbaye de Saint-Médard et de ses châteaux royaux, on y voit encore celles du château de Braisne, ancienne forteresse située près de la ville, et dont les hautes tours, noircies par le temps, les épaisses murailles et les larges fossés où se montre maintenant une végétation luxuriante, attestent l'ancienne puissance et la grandeur passée.

Place d'armes, à Calais, p. 39.

CALAIS.

PAS-DE-CALAIS.

Le joli port de Calais, aujourd'hui si fréquenté par les étrangers et peuplé d'environ neuf milles âmes, n'était qu'un village au treizième siècle. Philippe de France, comte de Boulogne, la fit entourer de fortifications considérables. Ces moyens de défense, ne l'empêchèrent pas d'être prise en 1347; mais ce fut par la famine plutôt que par la force des armes, que le roi d'Angleterre, Édouard III, parvint à s'en rendre maître. Il eut à lutter, pendant un siège de treize mois, contre l'habileté et le courage héroïque de Jean de Vienne, amiral de France, qui se couvrit de gloire.

Calais n'échappa au courroux du vainqueur, irrité par une résistance aussi opiniâtre; que par le dévoûment patriotique de six de ses habitans les plus notables, à la tête desquels était Eustache de Saint-Pierre.

Les Anglais gardèrent Calais plus de deux cents ans, et ce ne fut qu'en 1558 que le duc de Guise leur reprit cette ville. A la fin du seizième siècle, assiégée par l'archiduc Albert d'Autriche, cette ville retomba de nouveau au pouvoir de l'étranger; mais, à la paix suivante, elle fut définitivement rendue à la France. Calais est actuellement une place de guerre de première classe. Sa situation sur la Manche et à la jonction de plusieurs canaux, en fait le centre d'un commerce actif. Les rues sont en général larges, bien alignées, et bordées d'élégantes habitations, bâties en briques. Les remparts, plantés d'arbres, offrent de jolies promenades. Le port est commode, mais il a l'inconvénient de s'encombrer de sables. Deux môles, de cinq cents toises environ de longueur, en forment et en protégent l'entrée. D'une des jetées, fréquentée par les promeneurs qui viennent y contempler le spectacle imposant de l'Océan, on distingue, quand le temps est clair, les côtes de l'Angleterre et le château de Douvres, qu'une distance de sept lieues sépare de Calais. Parmi les monuments les plus curieux de la ville on admire, sur la place d'armes et près de l'hôtel-de-ville, la tour de l'horloge ou beffroi.

Calais doit à sa proximité de l'Angleterre, sa grande activité. A chaque instant, ce sont des paquebots qui partent ou qui arrivent, et l'on dirait que la moitié de la population se renouvelle du jour au lendemain.

CHÂLONS-SUR-SAONE.

Châlons-sur-Saône, au milieu d'une plaine fertile, peut être regardée comme le cœur réel de l'ancienne Bourgogne. Ce fut près de cette ville que Constantin aperçut dans le ciel (quand il allait combattre le tyran Maxence) cette croix lumineuse dont il fit reproduire l'image sur le *Labarum*, et au bas de laquelle étaient écrits ces mots providentiels :

IN HOC SIGNO VINCES.

Le règne politique de Châlons fut de courte durée. Cette petite cité ne dut sa vie qu'à la double influence d'un siège épiscopal et d'un commerce d'entrepôt fort étendu. La foi chrétienne y fut prêchée, dans le deuxième siècle, par saint Marcel, disciple de saint Pothin, évêque de Lyon. Elle fut la patrie des saints Arige et Césaire; elle eut de saints évêques, des conciles, et fut chérie de l'empereur Charlemagne.

Châlons est essentiellement aujourd'hui une ville de négoce. Ses monuments anciens n'existent plus ou tombent en ruines, ses monuments modernes consistent surtout en boutiques et en auberges. Châlons a deux belles places publiques, un quai assez joli, très propre, très animé surtout; une fontaine publique, un obélisque, de riches magasins, un pont remarquable par son ordonnance monumentale.

L'église, autrefois cathédrale, aujourd'hui simplement paroissiale de Saint-Vincent-de-Châlons, ressemble à un hangar, n'ayant ni tours à sa face, ni symbole chrétien, ni clocher à son front, et présentant l'aspect le plus confus et le plus insaisissable que l'on puisse imaginer. L'église, autrefois conventuelle, de Saint-Pierre, forme la seconde paroisse de la ville. Elle est toute moderne et noblement décorée, enrichie qu'elle est des dépouilles opimes de l'abbaye de Morizières.

Le canal du Centre, qui commence près de cette ville et unit la Saône et la Loire à Digoin, est pour Châlon une source de prospérité.

Chalons-sur-Saone, p.

Ham p 41

HAM.

SOMME.

Lorsqu'il suit la route de Compiègne à Saint-Quentin, le voyageur traverse la ville de Ham; et si ses regards se portent à gauche, il aperçoit une vaste construction à l'aspect sombre et triste; ce sont de longues murailles, sur lesquelles apparaissent çà et là quelques restes de machicoulis, de sculptures et de fenêtres gothiques; ce sont des tours couronnées de créneaux en briques rougeâtres, et dont la base semble plonger dans les eaux de la Somme qui coule à l'entour; c'est, en un mot, le fort de Ham, vaste rectangle fortifié, autrefois château féodal, depuis longtems prison d'Etat.

L'origine de la ville de Ham paraît remonter aux époques de la domination gallo-romaine. Quelques ruines semblent l'attester et ont été interprétées dans ce sens par les antiquaires, vers la fin du neuvième siècle.

La ville et le territoire de Ham appartinrent aux comtes de Vermandois, issus de la race carlovingienne. Charles-le-Simple, disent les chroniqueurs, traîtreusement saisi et appréhendé au corps par son vassal, le comte Herbert de Vermandois, qui l'avait attiré à Saint-Quentin, fut enfermé dans un fort situé non loin de là, sur la Somme. C'était le fort de Ham, dont la sombre célébrité commençait par l'emprisonnement d'un roi.

A la suite de la domination des comtes de Vermandois, la seigneurie de Ham passa successivement, et par de nombreuses vicissitudes, dans les maisons de Coucy, d'Orléans, de Bar, de Luxembourg, de Vendôme et de Navarre. Réunie à la couronne par l'avènement d'Henri IV, elle fut donnée au cardinal Mazarin, puis à Philippe d'Orléans, que son frère Louis XIV voulut apanager. La seigneurie de Ham est restée dans la maison d'Orléans jusqu'en 1789.

Pendant la Révolution, le fort de Ham fut une prison d'Etat, ce qu'il était précédemment; car, dans les années antérieures à 1789, il avait été un lieu de détention, bien plus souvent qu'une résidence seigneuriale.

Sous l'Empire, sous la Restauration, et depuis 1830, le fort de Ham n'a point changé de destination; aujourd'hui encore, la forteresse est une prison d'État. C'est celle d'où le prince Louis Napoléon s'est évadé en 1846, après y avoir passé six années entières.

En 1557, après la bataille de Saint-Quentin, le fort de Ham fut investi par les Espagnols, qui le rendirent plus tard dans le traité de Cateau-Cambresis.

En l'an 1595, la ville de Ham fut livrée aux étrangers par le seigneur de Momi de Gomeron, gouverneur de la forteresse, partisan passionné du duc d'Aumale et des ligueurs.

Moni de Gomeron étant mort en 1595, ses trois fils allèrent à Bruxelles pour réclamer ce qui leur était dû, et pour traiter de la reddition de la citadelle, qui était encore au pouvoir des Français.

Les Espagnols les retinrent prisonniers, afin d'assurer tout-à-fait la reddition du château. Dorvilliers, leur frère utérin, qui gouvernait en leur absence, refusa de se rendre, et fit appel à la noblesse. D'Humières se mit à la tête des nobles picards; mais ils furent vaincus. Le château fut pris, la garnison taillée en pièces par les Espagnols qui occupaient la ville, et le comte de Fuentès, chef des Espagnols, irrité de la résistance passée, conçut un horrible projet : par son ordre, l'un des trois traîtres qui avaient vendu la citadelle, le fils aîné de l'ancien gouverneur, Moni de Gomeron, fut saisi au corps, enchaîné et traîné de Bruxelles à Ham. Un échafaud avait été dressé sous les murs de la ville, et ce misérable, coupable d'une lâcheté envers sa patrie, fut décapité par un bourreau espagnol.

En 1815, en cette année de désastre national, la garnison de Ham, forte de quatre-vingt-dix hommes, résista noblement aux sommations d'une armée prussienne. L'étranger fut forcé de s'arrêter devant les faubourgs, et par sa glorieuse énergie, le commandant put sortir avec armes et bagages, le front levé et la tête haute, comme un soldat de l'Empire.

Tel qu'il est aujourd'hui, le fort de Ham offre l'aspect d'un vaste parallélogramme. Une première entrée, située sur un terrain appelé l'Esplanade, vous conduit dans une cour avancée et entourée d'une muraille triangulaire. Là s'ouvre un pont en maçonnerie, sur lequel s'abaisse le pont-levis de la forteresse; quelques pas plus loin est la voûte d'entrée, fermée par le pont-levis et deux portes intérieures construites en fer.

Aussitôt entré dans la forteresse, après avoir franchi la voûte, on découvre une cour spacieuse, bordée en tout sens de constructions régulières, et vers le milieu un manège dans lequel un arbre élève son feuillage.

Lorsqu'on est encore sur le seuil intérieur de la voûte d'entrée, le dos tourné au pont-levis, la grande cour en face, plusieurs constructions frappent les regards. A droite, c'est le logement du concierge, auquel est adossée une caserne ; à gauche, c'est un vaste corps-de-garde bâti sous François Ier ; puis, au-delà, perpendiculairement à ce corps-de-garde, l'œil découvre une longue construction. Là se trouvent, à la suite l'un de l'autre, le logement des officiers d'artillerie et du génie, le logement du commandant et celui du gardien des poudres.

En face de ce grand corps-de-logis, de l'autre côté de la cour, sont situés les magasins d'armes, les cantines et les cuisines.

Enfin, au fond de la cour, du côté opposé à la voûte d'entrée, se trouvent les bâtiments plus spécialement affectés à la prison. Si l'on se dirige vers ces bâtiments, on rencontre d'abord une niche de laquelle un gardien est continuellement occupé à surveiller les prisonniers ; puis, en tournant à gauche, quelques chambres étroites, sans ornement, presque sans meubles : ce sont celles des prisonniers.

Une voûte sépare ce corps-de-logis d'un autre bâtiment qui sert de caserne : cette voûte conduit au parc à boulets et au jardin que le prince Napoléon Louis cultive lui-même sur le talus des remparts. Le corps-de-logis occupé par les prisonniers est situé au-dessus de la poudrière.

Toutes ces constructions sont comprises dans l'enceinte fortifiée. Quatre tours s'élèvent aux quatre angles de la forteresse ; trois de ces tours sont ovales ; une seule, plus élevée, plus importante que les autres, est de forme ronde ; cette dernière, appelée *Grosse Tour*, ou *Tour de Louis XI*, ou enfin *Tour du Connétable*, plonge dans les eaux de la Somme ; elle a environ cent pieds de haut, autant de diamètre, avec des murs de trente pieds d'épaisseur en pierres de taille. Les autres tours et les murailles sont en briques.

Les uns soutiennent que la grosse tour fut construite par Louis de Luxembourg, comte de Saint-Pol, qui fut seigneur de Ham et connétable ; de là lui serait venu, sans doute, cette dénomination de *Tour du Connétable*. Les autres prétendent qu'elle aurait été construite avant le fort, et remonterait à Charles VII ; son fils l'aurait fait restaurer et aurait fait élever l'enceinte ainsi que les tours ovales. Enfin, une tour carrée que l'on remarque sur un point intérieur des remparts, vis-à-vis l'Esplanade, remonterait à François Ier. Le corps-de-garde intérieur est dans le goût des constructions de la renaissance.

L'intérieur de la grosse tour présente plusieurs salles superposées, vastes, obscures et sonores. Au rez-de-chaussée il existe encore des cachots sans air et sans lumière.

L'aspect général du fort de Ham inspire la tristesse et la terreur, et l'on ne peut contempler ses longues murailles sans en composer la douloureuse histoire. Ces constructions ténébreuses, ces cacho-

de la grosse tour ont eu leur destination. Que d'existences éteintes, que de souffrances finies, que de noms perdus sous ces voûtes! L'histoire n'a pu tout recueillir; car les murs d'une prison d'État sont souvent des lieux de mystère, de silence et de douleurs. Alors que le caprice de la puissance persécutait à son gré, alors que la liberté était enlevée sans les grandes publicités de la justice, nul ne savait les noms et les souffrances des victimes du despotisme. Si parfois, un soir, le geôlier faisant sa ronde trouvait un cadavre dans un cachot, on l'enterrait sans mot dire, ou bien on le laissait gisant entre les quatre murailles humides; trente ans plus tard le cadavre était devenu squelette, et les hommes ne pouvaient rien apprendre du passé.

Au fort de Ham, plus qu'ailleurs, la captivité fut mystérieuse, les cris étouffés, les cadavres enterrés promptement, les noms environnés de l'oubli; car l'histoire des prisonniers de Ham est une histoire moderne.

Sur la vieille histoire des prisonniers de Ham on ne connaît qu'une chronique, c'est-à-dire un récit mélangé de croyable et de merveilleux.

Dans l'un des plus bas, des plus étroits, des plus sombres cachots de la grosse tour, fut enfermé, à une époque ignorée, un prisonnier dont personne ne sait le nom. Ce prisonnier était un pauvre capucin austère de mœurs, digne et saint homme, sans cesse en jeûnes, prières et mortifications. Tant de vertus ne purent le sauver; il fut persécuté et jeté dans cet horrible cachot, où il continua à prier Dieu avec une pieuse résignation. La nuit, lorsqu'il pouvait sommeiller quelque peu, il appuyait sa tête sur une pierre; tant et si longtemps dura sa captivité, ajoute la chronique, qu'il avait creusé la pierre et laissé l'empreinte de son visage sur ce dur chevet. Les jeunes filles et damoiselles qui venaient visiter la pierre et qui en emportaient un morceau, trouvaient sûrement un mari dans l'année.

Inutile d'ajouter qu'aujourd'hui, sur la pierre indiquée aux curieux, l'empreinte du saint visage est invisible, et que bien des filles sont venues visiter cette pierre, qui sont filles encore.

Blois, p. 4.

BLOIS.

LOIR - ET - CHER.

Blois est une ville très-ancienne bâtie en amphithéâtre sur la rive droite de la Loire; une partie des rues est inaccessible aux voitures, et quelques-unes sont assez rapides pour que l'on ait été obligé d'y établir des marches. Elles sont en général étroites et tortueuses; la seule qui ait un peu de largeur et de régularité descend en face du pont de pierre jeté sur la Loire. Ce pont, d'une construction gracieuse, date du seizième siècle; au milieu s'élève une jolie pyramide en pierre de trente mètres d'élévation. La préfecture, autrefois l'évêché, est un joli édifice du règne de Louis XIV. Ses jardins sont disposés en terrasses régulières bien plantées d'arbres, d'où la vue s'étend au loin sur un paysage très-pittoresque. Les autres monuments sont : l'ancienne église des Jésuites, dont l'architecte Mansard a fourni les plans; l'hôpital pourvu d'un jardin botanique; le collége, les abattoirs, et enfin l'ancien château, bâtiment vaste et spacieux, où se tinrent les Etats connus sous le nom d'Etats de Blois.

Ce monument n'a aucun caractère d'architecture particulier; tous les styles s'y trouvent réunis et en quelque sorte confondus; et il est aisé de voir qu'il y eut de longs intervalles entre les constructions de ses diverses parties. Son origine est pourtant fort ancienne; mais, depuis près de deux siècles, les constructions primitives ont disparu. Déjà il n'en restait qu'une tour au commencement du XIVe siècle, lorsque les princes de la maison de Champagne firent bâtir un nouveau château sur les ruines du premier. Louis XII, n'étant encore que duc d'Orléans, vint ensuite habiter ce palais, et y fit ajouter des constructions importantes.

L'aile du château située à l'orient fut bâtie à deux époques différentes. La partie la plus ancienne renferme la salle où se tinrent les états, sous Henri III, en 1576 et en 1588. Le reste de l'édifice fut achevé sous le règne de ce dernier prince. Tout le côté septentrional est du règne de François Ier. De grands souvenirs historiques se rattachent à cette partie du château de Blois : Henri II, Charles IX, Henri III y résidèrent, et ce fut là que le duc de Guise tomba sous les coups des assassins à la solde du roi.

Dans cette même partie du château s'élève encore la tour où le cardinal de Lorraine, frère du duc de Guise, fut emprisonné aussitôt après la mort du duc, et assassiné comme ce dernier quelques jours après.

A l'orient, il existe une autre aile bâtie à deux époques différentes. C'est dans la plus ancienne de ces deux parties que se trouve la salle où se tinrent deux fois les états, à douze années d'intervalle. La plus ancienne fut achevée sous Henri III, qui avait pour ce palais une affection particulière.

Plus tard, Gaston de France, duc d'Orléans, étant devenu propriétaire du château de Blois, y fit ajouter, par le célèbre Mansard, un corps de bâtiment remarquable par sa riche architecture, mais qui ne fut point achevé. Une immense cour précède le château ; ce fut dans son enceinte que se donnèrent deux magnifiques tournois : l'un, en l'honneur du prince de Castille, lorsqu'il vint s'unir à Claude de France ; l'autre, à l'occasion du mariage du marquis de Montferrat avec la sœur du duc d'Alençon.

Le château de Blois a servi de retraite à deux femmes d'un caractère bien dissemblable : à Isabeau de Bavière, femme de Charles VI, Messaline éhontée qui mit la France à deux doigts de sa perte, et à Valentine de Milan, épouse de Louis, duc d'Orléans, lâchement assassiné par les partisans du duc de Bourgogne. Retirée à Blois et sentant sa fin approcher, elle assembla ses enfants autour de son lit de mort ; parmi eux se trouvait Dunois, que, suivant l'usage du temps, on appelait le bâtard d'Orléans. Valentine les exhorta à soutenir la gloire de leur maison, et surtout à poursuivre la vengeance du meurtre de leur père. Dunois répondit mieux que les autres. « On me l'a volé ! s'écria-t-elle, je devais être sa mère. » Cette princesse mourut en 1408, à l'âge de trente-huit ans, après avoir déployé les plus chastes vertus, le plus noble caractère, et conservé des mœurs pures sur une scène corrompue et dominée par les passions.

Les derniers grands personnages qui vinrent chercher un asyle au château de Blois, sont l'impératrice Marie-Louise, seconde femme de Napoléon, et le roi de Rome, son fils, qui s'y réfugièrent le 30 mars 1814, alors que le canon des alliés retentissait aux barrières de Paris.

AMBOISE.

INDRE-ET-LOIR.

« A l'orient de Tours, dit un vieux chroniqueur, est la ville et château d'Amboise, sur la rivière de Loire, ville autant gracieuse en séjour qu'en toutes sortes d'aménités. »

Bâti par Jules César, détruit deux fois par les Normands, le château d'Amboise fut relevé de nouveau par les premiers comtes d'Anjou, Suplice, Hugues et Ingelger. Les descendants de ce dernier embellirent et augmentèrent successivement le manoir paternel, qui, passant en propriété, en 1341, à Philippe de Valois, devint alors une résidence royale. Louis XI et Charles VIII habitèrent souvent le château d'Amboise ; mais ce fut sous le dernier de ces princes, que ce séjour acquit un nouveau degré de splendeur.

Bâti sur une masse élevée de rochers, au confluent de la Loire et de l'Amasse (département d'Indre-et-Loire), le château qui se dessine au bout d'un pont, dont une mention faite par Grégoire de Tours atteste l'antiquité, a ses approches défendues d'un côté par la rivière, et de l'autre, vers la campagne, par un large et profond fossé ouvert dans le roc. Ses murailles crénelées et soutenues par des contre-forts massif carrés, ses tours rondes et ses toits arrondis, et s'élançant dans les airs en pointes aiguës, forment un ensemble gothique d'en effet pittoresque. Diverses parties de l'édifice méritent une attention particulière. La chapelle, remarquable dans la richesse de ses ornements et dans la délicatesse exquise de ses détails, rappelle, par son style quelque peu italien, que le jeune roi qui la fonda était tout préoccupé de cette Italie, à travers laquelle la victoire l'avait emporté si rapidement. Le morceau capital du monument est une puissante tour ronde, haute de quatre-vingt-quatre pieds. Dans sa cavité, monte lentement en spirale un escalier sans degrés, ou plutôt une rampe dont la pente est si douce et le plan si graduellement incliné, qu'une voiture la peut gravir jusqu'à la plate-forme, du sommet de laquelle l'œil charmé s'abaisse sur les rives tant vantées de la Loire. Cette rampe est pratiquée sous une voûte d'assez belles proportions, qui appuie ses arceaux sur des têtes humaines réunies en groupes. Indépendamment de la chapelle et de la tour, le château posséda encore pendant longtemps une autre merveille, sur laquelle le cicérone appelait surtout l'admiration des visiteurs. C'était un immense bois de cerf, accompagné d'une tête, d'un cou et de côtes non moins gigantestes. Chacun, à leur aspect, se récriait de surprise, lorsqu'en 1700 le roi d'Espagne, Philippe V, s'étant avisé de les examiner avec une attention plus minutieuse, reconnut qu'ils étaient l'œuvre d'un artiste habile sans doute, mais non point de la nature.

D'importants évènements dont il fut le théâtre ont donné au château d'Amboise une grande illustration historique. Louis XI y fonda, le 1er août 1469, un ordre de chevalerie : il le plaça sous l'invocation et le patronage de l'archange saint Michel, qu'il révérait avec une dévotion toute particulière, « parce qu'il fut, disait-il dans l'acte d'institution, le premier chevalier qui, pour la querelle de Dieu, victorieusement batailla contre le dragon, ancien ennemi de la nature humaine, et le trébucha du ciel, et qui, son lieu et oratoire, appelé le mont Saint-Michel, a toujours sûrement gardé, préservé, défendu et empêché d'être pris, subjugué, ni mis ès mains des anciens ennemis de notre royaume. »

Les travaux qu'il fit exécuter au château d'Amboise ne sont pas les seuls souvenirs qu'y ait laissés Charles VIII. Sa vie, qu'il y passa en partie, y avait commencé (1470) : elle y devait finir. Voulant aller voir jouer de plus près une partie de paume, à laquelle il assistait d'une fenêtre, il descendit dans les fossés, et se heurta si violemment la tête contre une porte basse, qu'il mourut quelques heures après (1497). On montre encore la porte fatale qui causa l'accident.

En 1560, sous le règne si court de François II, un évènement politique, qui reçut depuis le nom de conjuration d'Amboise, vint ajouter à la célébrité de cette résidence royale.

Thann, p. 49.

THANN EN ALSACE.

L'Alsace est une des contrées de la France qui conservent le plus de ces traditions fantastiques que nous a léguées le moyen âge; chacune de ses collines, chacun de ses vallons a ses ruines pittoresques de castel féodal, et sa légende pleine de merveilles. Lorsqu'on sort de la petite ville de Cernay (département du Haut-Rhin), et qu'on remonte la vallée de la Thurr, sous les regards s'étend une vaste plaine sablonneuse, qui conserve encore, dans son nom de Champ du Mensonge, le souvenir de la trahison qu'elle vit consommer, en 833, contre le malheureux empereur Louis le Débonnaire, par ses fils rebelles. Dans d'immenses souterrains qu'elle recouvre, de nombreuses armées dorment du sommeil enchanté des Mille et une Nuits, et attendent l'heure fixée pour leur réveil, ainsi qu'il fut révélé à un téméraire visiteur qui osa pénétrer dans ces redoutables retraites. A l'extrémité de cette plaine, qui a reçu ainsi une double illustration de l'histoire et de la fable, est assise, au travers de la vallée, et sur les rives de la Thurr, la petite ville de Thann, dont la chronique primitive n'offre pas moins d'intérêt.

Vers le milieu du douzième siècle, la ville de Spolète avait pour évêque saint Thiébaut ou Théobald, dont la bienfaisance envers les pauvres était telle qu'il ne réservait pas même assez d'argent pour payer les gages d'un domestique allemand qui le servait depuis longtemps. Sentant sa fin prochaine, et voulant s'acquitter envers son serviteur, l'évêque l'autorisa à prendre, aussitôt après sa mort, l'anneau d'or qu'il portait à son pouce. Lors donc que saint Théobald eut expiré, le domestique chercha à se mettre en possession du legs; mais, au premier effort qu'il fit pour détacher l'anneau, ce fut le pouce qui se sépara de la main de l'évêque. Frappé de ce fait comme d'une circonstance merveilleuse, le domestique, qui s'apprêtait à retourner en Allemagne, fit creuser la pomme de son bâton de voyage pour y renfermer le pouce et l'anneau, qu'il considérait comme un talisman contre les dangers de la route. Après avoir franchi sans aventure l'Italie, les Alpes et la Suisse, il arriva, le 16 juin 1161, dans la vallée de la Thurr, non loin du hameau appelé aujourd'hui le Vieux Thann. Des forêts de sapins couvraient, à cette époque, toute l'Alsace, et du milieu de leurs cimes se détachaient les tours des châteaux-forts de la noblesse. Le manoir d'Engelbourg, que Turenne fit sauter dans le dix-septième siècle, s'élevait alors dans tout son orgueil sur le haut d'une colline, au pied de laquelle le voyageur, accablé de chaleur, s'arrêta pour dormir. A son réveil il voulut reprendre, pour continuer sa route, son bâton tutélaire qu'il avait appuyé contre un sapin; mais, de même que l'anneau avait adhéré invinciblement au pouce, le bâton s'était fixé à l'arbre de manière à n'en plus pouvoir être détaché. Les efforts réunis de quelques paysans n'ayant pas été efficaces, la foule, accourue de toutes parts, et à laquelle le domestique avait raconté son histoire, cria au miracle et ne permit plus qu'on renouvelât des tentatives sacriléges. Une autre circonstance extraordinaire vint ajouter encore à l'émotion religieuse du peuple : pendant la nuit, le comte de Ferrette, Frédéric le jeune, vit, du haut de son château d'Engelbourg, trois flammes légères voltiger et rayonner en auréole au dessus du sapin contre lequel était appuyé le bâton. Le lendemain, accompagné de tous ses vassaux, il vint en grande pompe se joindre aux prières de la multitude, et après de longues délibérations sur l'événement lui-même et sur les conséquences qu'on en devait tirer, il fut décidé qu'une chappelle serait élevée à saint Théobald, au lieu même que sa volonté semblait désigner. Telle fut l'origine merveilleuse de la ville de Thann, suivant la tradition qu'une cérémonie rappelle encore et ravive, pour ainsi dire, tous les ans.

La chapelle de Saint-Théobald, ainsi qu'il arrivait communément alors, devint le noyau d'une ville, qui se forma peu à peu sous le nom de Nouveau-Thann, au pied de la colline d'Engelbourg. Vers le commencement du quatorzième siècle, époque où elle passa des comtes de Ferrette, châtelains d'Engelbourg, à la maison impériale d'Autriche, elle renfermait déjà une assez nombreuse population ; quelques années après, elle s'était tellement accrue, qu'on pensa devoir l'enceindre de murailles ; enfin, en 1411, les travaux de fortifications furent terminés, et l'on construisit la porte que représente notre gravure. Cette porte, s'ouvrant en ogive entre deux tours massives, armée d'étroites meurtrières, surmontée de créneaux bizarrement dessinés, frappée d'écussons et décorée de quelques sculptures légères, n'est pas sans beauté dans son caractère tout gothique, et forme l'entrée convenable d'une ville, à laquelle ses modernes habitudes d'industrie et de commerce n'ont pu enlever ses allures de moyen-âge. Croissant en prospérité, Thann devint assez considérable, dans le cours des siècles suivants, pour que les empereurs d'Allemagne lui accordassent de nombreux priviléges, entre autre le droit de battre monnaie. Ses médailles portent un sapin, souvenir emblématique de son origine, et sur le revers les armes de la maison d'Autriche. Les annales plus modernes de la ville, bien qu'elle eût acquis de l'importance militaire pendant les guerres religieuses de l'Allemagne et sous le règne de Louis XIV, n'ont qu'un médiocre intérêt, si l'on excepte peut-être quelques nouveaux exemples qu'elles offrent de cette crédulité que nous avons déjà constatée dans ses fondateurs et dans ses habitants. De 1572 à 1620, cent cinquante-deux sorcières y furent brûlées : en 1608, un hiver rigoureux ayant fait mourir les vignes, on rendit les sorcières responsables de ce malheur, et plusieurs vieilles femmes, réputées telles, ayant été livrées aux bourreaux, l'une d'elles avoua, au milieu des tortures, avoir jeté des maléfices sur les vignobles.

L'humble chapelle de Saint-Théobald, pendant que la ville à laquelle elle avait donné naissance atteignait ainsi de brillantes destinées, était naturellement retirée peu à peu de son obscurité architecturale, pour être élevée parmi les monuments de premier ordre. Dès l'année 1275, les habitants de Thann demandèrent à l'habile créateur de la cathédrale de Strasbourg, à Ervin de Steinbach, les plans d'une nouvelle église qu'ils voulaient construire pour leur patron. Les travaux ne furent commencés que longtemps après : plus de deux siècles s'écoulèrent même entre le moment où Ervin de Stembach traça les dessins, et celui où Henri Walch compléta leur exécution, en lançant dans les airs cette flèche hardie qui semble vouloir atteindre le niveau du sommet des collines voisines. Mais comme les plans donnés par le grand architecte furent scrupuleusement suivis par ses successeurs, l'édifice a conservé, dans l'ensemble de ses formes et de son style, l'empreinte d'une pensée unique et d'une seule époque, quoique le goût particulier de chaque âge se soit manifesté par des différences de détail. La chronique de Thann, qui tient note exacte de tous les incidents de croissance du monument dont s'enorgueillit la ville, rapporte, entre autres anecdotes, le fait suivant, qui nous semble mériter d'être mentionnée. En 1143, année où l'on poussait vivement les travaux de Saint-Théobald, les vendanges furent si abondantes en Alsace, que l'on imagina d'employer du vin au lieu d'eau dans la préparation du ciment, et les ouvriers, remarque le chroniqueur avec une sorte d'étonnement, en firent entrer une quantité considérable dans la maçonnerie. Peut-être l'église ne but-elle pas toutes les barriques portées sur les mémoires.

L'église de Thann, si la cathédrale de Strasbourg n'existait pas, serait, malgré ses petites dimensions, le plus noble et le plus élégant des édifices religieux de l'Alsace, et quelques-unes de ses parties peuvent entrer en parallèle avec les plus beaux monuments qu'a laissés l'architecture gothique; mais le morceau capital, la gloire de Saint-Théobald, c'est la tour. Carrée jusqu'au point où la flèche vient s'appuyer sur elle avec une légèreté qu'on ne saurait dire, cette tour est le plus heureux produit de ces artifices de ciselure par lesquels l'architecture gothique rendait, dans ses œuvres, la force si délicate et la hardiesse si gracieuse. Ses parties massives sont tellement dissimulées par les nervures qui les découpent et les divisent, par les fenêtres qui les percent à jour, que l'on s'étonne presque qu'elles puissent supporter sa tête, quoique cette tête elle-même ne soit qu'une pyramide de dentelles, que le premier souffle de vent semblerait devoir emporter. Lorsque l'on contemple, de quelque distance, cette flèche octogone, dont la hauteur est d'environ trois cents pieds, à peine paraît-elle faire tache sur l'azur du ciel, tant l'air et la lumière circulent à travers ses murailles. Peu de monuments ont plus de charme et de suavité dans leur aspect lointain; mais l'intérieur de l'édifice ne répond en aucune manière à la magnificence extérieure des parties qui viennent d'être décrites.

Comme le vieux Thann n'était point appelé aux grandes destinées de la ville qui lui emprunta son nom, son humble existence de village n'a point trouvé d'historien, et ce n'est qu'incidentellement qu'on en parle dans les annales générales du pays. Son obscurité ne déroba point cependant le vieux Thann aux malheurs de la guerre : au commencement du quinzième siècle, il fut ravagé par les Anglais, qui détruisirent son église. Les finances du village purent à peine, en un siècle, réparer ce désastre, et le chœur ne fut achevé qu'en 1516; ce ne fut même que quelques années après qu'il reçut, pour complément des travaux, une couche de peinture jaune, circonstance qui semblerait avoir produit une grande sensation dans le pays, puisque les chroniqueurs en ont gardé la mémoire. Ce pauvre village n'en possède pas moins le beau morceau de sculpture que retrace ci-après notre gravure, et c'est dans sa chétive église que s'élève un monument à qui les plus pompeuses cathédrales donneraient la place d'honneur.

Ce tombeau, qui montre Jésus-Christ dans sa sépulture, est placé sur un pavé plus élevé que le sol du reste de l'église, et offre une sorte de carré long, dont un des côtés est engagé dans la muraille. Le Christ, représenté dans les formes généralement adoptées pour les crucifix, apparaît couché à travers les ouvertures des arcades : le sang jaillit de la blessure que le coup de lance lui a faite au côté. A sa tête et à ses pieds, sont

Rouffach, p. 53.

placées, debout, des statues d'anges ailés dans des attitudes de douleur et d'adoration ; d'autres statues, empreintes du même caractère, se détachent aussi de la muraille contre laquelle s'appuie le monument.

Ce monument, d'un dessin correct et d'une bonne exécution, fut achevé vers la fin du quinzième siècle et placé dans l'église du vieux Thann, dès que les travaux du chœur eurent été terminés. Il s'est conservé jusqu'à nous sans subir de mutilations. Cependant, tous les moyens mis en œuvre pour sa conservation, n'ont pas été également heureux. Ainsi l'on a imaginé, en 1826, de barbouiller le tombeau d'une peinture jaunâtre. Cette couleur, toute moderne et toute vulgaire, appliquée à des traits gothiques, gâte la physionomie du monument et lui donne une apparence équivoque.

ROUFFACH.

HAUT-RHIN.

Si les annales de Rouffach ne sont que d'un médiocre intérêt, les souvenirs des rois mérovingiens lui donnent quelque relief, et le caractère assez original de son architecture la recommande, en outre, à la curiosité. La noblesse, si nombreuse en Alsace, avait groupé ses maisons de ville autour d'Isenburg; et les édifices privés de Rouffach annoncent encore, pour la plupart à des indices certains, la haute condition de ses premiers habitants. Comme les seigneurs et les vilains se faisaient, au moyen-âge, reconnaître à la différence de coupe et d'étoffe de leurs vêtements, de même les manoirs seigneuriaux et les maisons bourgeoises avaient leurs formes distinctes et leurs matériaux particuliers. Les maisons nobles, indépendamment des armoiries frappées sur leurs faces, se décoraient presque exclusivement de pignons travaillés avec recherche et richement sculptés. Les hôtels de Rouffach exerçaient rigoureusement ce privilége architectural, et quelques uns de leurs pignons, entre autres ceux que l'on voit ici, méritent encore d'être examinés comme de précieux objets d'art. Ces palais à physionomie gothique fortement prononcée, qui se pressent dans l'étroite enceinte de la ville, accompagnent bien son église, leur contemporaine. Ce monument, qui, détruit et brûlé par les Colmariens, fut rebâti dans le quatorzième siècle, forme avec les édifices dont il est entouré, un ensemble agréable. Sa tour octogone, percée de croisées d'un joli dessin, supporte une flèche légère, qu'accompagnent à sa base huit frontons pyramidaux délicatement découpés. Les ornements en bas-reliefs, que présentent diverses parties de l'église, sont parfois d'un choix étrange et d'un goût singulier. Ainsi, au milieu des statues de saints personnages, apparaissent des figures d'animaux dans des postures bizarres; un ours qui se joue avec une tête qu'il tient entre ses pattes; une chèvre qui danse debout sur ses pieds de derrière, sont des décorations qu'on ne s'attendait guère à trouver sur les murailles d'une église.

Quoique sa population se soit toujours maintenue beaucoup plutôt au dessous qu'au dessus de 4,000 âmes, Rouffach a largement apporté son contingent au catalogue des hommes illustres de la France; elle a donné aux sciences et aux lettres plusieurs écrivains assez estimés, à la tête desquels il faut placer le docte Pellican, qu'honora l'amitié d'Erasme; dans les beaux-arts, elle a pour représentant le sculpteur Wolvelin (du quatorzième siècle) qui a décoré les églises de Strasbourg de quelques beaux mausolées; sous le rapport de la gloire militaire, enfin, elle peut entrer en parallèle avec les plus fières cités de France : François-Joseph Lefebvre, que son courage, son génie guerrier et ses nobles vertus firent maréchal de France et duc de Dantzick, était enfant de Rouffach.

SAINT-MALO.

ILLE-ET-VILAINE.

Saint-Malo est bâti sur l'île d'Aron qui ne tient au continent que par une chaussée baignée deux fois le jour par les eaux de la mer.

Vue de Saint-Malo, p. 54.

Le port est vaste, sûr, commode, mais d'un accès difficile, à cause des nombreux récifs qui en défendent l'entrée. Les plus gros vaisseaux peuvent y pénétrer, s'ils sont construits de manière à pouvoir échouer sur le sable, car ils restent à sec dans les basses marées. A l'ouest de Saint-Malo, se trouve la rade, protégée par sept forts dont le plus remarquable est la Conchée, ouvrage du célèbre Vauban. L'île de Césambre est à deux lieues en mer; elle a un petit port formé d'immenses pierres réunies par des moines qui y avaient autrefois un couvent; on voit encore les ruines de leur abbaye ainsi que les débris de l'ancienne chapelle et de la cellule de saint Brandan, qui s'y établit avec saint Malo, dans le septième siècle.

L'histoire de Saint-Malo ne présente, pendant dix siècles, que le spectacle d'une population luttant sans cesse contre les ducs de Bretagne et les rois de France.

Les habitants de l'ancienne d'Aleth, à laquelle Saint-Malo doit son origine, lui avaient donné la seigneurie temporelle et spirituelle de leur ville; depuis ce temps les évêques en étaient seigneurs et comtes; cependant il paraît que le chapitre empiéta sur les droits épiscopaux, et finit par partager la souveraineté. Tous les soirs les clés étaient portées chez son doyen, le gouverneur n'avait pas le droit de les retenir; en revanche, le chapitre était astreint à certaines obligations dont l'une portait que le chapitre devait entretenir, à ses dépens, vingt-quatre chiens, pour garder l'entrée de la ville. Ces chiens, qui étaient un objet de terreur pour les étrangers, et qui ont été chantés dans maints vaudevilles, sont supprimés aujourd'hui; de sorte qu'on peut sans crainte aborder Saint-Malo. Les Malouins sont très braves, et leur marine a rendu de grands services à l'Etat; plusieurs fois leurs corsaires ont ruiné le commerce anglais; en 1662, ils équipèrent à leurs frais une flotte de trente vaisseaux qui contribua à réduire La Rochelle. Dans la même année, sous la conduite de Duguay-Trouin, ils attaquèrent et prirent Rio-Janeiro, brûlèrent dans son port soixante vaisseaux, et firent éprouver aux Portugais une perte de vingt millions. En 1663, les négociants de Saint-Malo, indignés de la demande, que les puissances étrangères faisaient à Louis XIV d'employer ses troupes pour forcer Philippe V à abandonner l'Espagne, réunirent les bénéfices qu'ils venaient de réaliser dans le commerce des colonies espagnoles, et ils apportèrent au roi trente-deux millions en or, lorsque les finances étaient épuisées par une longue suite d'événements malheureux. Pour se venger des pertes que les Malouins causaient journellement au commerce d'Angleterre, les Anglais parurent devant ses murailles au mois de novembre 1663, avec une flotte nombreuse, et commencèrent contre la ville un bombardement terrible ; une machine infernale contenant douze tonneaux de poudre, placée sur un vaisseau et à pleines voiles sur la ville, fut détournée par un coup de vent, et jetée sur un rocher où elle échoua ; son explosion fit périr celui qui l'avait inventée, et quarante marins dont il était accompagné ; la terre aux environs en trembla, des cheminées tombèrent à plus de deux lieues de Saint-Malo, les maisons furent découvertes ; mais là se borna l'effet de cette infernale invention.

Saint-Malo, sous Louis XIV, parvint au plus haut point de splendeur ; elle fut le berceau de la compagnie des Indes. Ses murs, d'une extrême force et d'une grande beauté, ont été construits sur les dessins du maréchal de Vauban ; ils forment une vaste promenade d'où l'on jouit d'une vue magnifique qui s'étend jusqu'à Jersey.

Le château fait partie des fortifications ; quoique très ancien, il a mérité d'être conservé dans le nouveau plan ; il fut élevé par les ordres de la reine Anne. On remarque aussi la tour appelée la Générale, par laquelle les Malouins s'introduisirent dans le château pendant la Ligue ; enfin, on montre la tour où le procureur général La Chalotais fut renfermé ainsi que son fils.

Saint-Malo et ses environs ont noblement fourni leur contingent d'illustrations à la France : Duguay-Trouin, Maupertuis, l'abbé de La Mennais, le docteur Broussais ! Et enfin, le plus illustre des écrivains modernes, M. le vicomte de Châteaubriant !

BARÈGES.

HAUTES-PYRÉNÉES.

Les cours d'eau qui descendent des Pyrénées pour alimenter l'Adour portent le nom de *gaves* ; on les distingue ensuite par celui du lieu qu'ils traversent. En s'élevant dans les Hautes-Pyrénées, on remarque plusieurs lieux célèbres par leurs eaux minérales : Bagnères, sur l'Adour, près de la belle vallée de Campan ; Cauterets, entouré de cascades et de sources jaillissantes ; Barèges, dont la chaleur des eaux varie de 32 à 40 degrés, et qui, l'hiver, est enseveli sous les neiges, et, dans les environs, l'une des plus belles cascades de l'Europe, celle de Gavarnie, qui tombe de 1,266 pieds de hauteur. Toute

Barèges, p. 56.

Abbaye de Cluny, près Mâcon, p. 57.

cette contrée a beaucoup de charmes : c'est une nature gracieuse, paisible, idyllique. Le pays est bien cultivé, et riche en belles prairies ; de riantes collines s'entrecoupent dans tous les sens. Les maisons sont propres et d'un aspect agréable ; devant la plupart des habitations s'élèvent des chênes majestueux et des châtaigniers, au milieu desquels paissent de nombreux troupeaux. Dans le fond se dresse le vaste rempart des Pyrénées, que domine le Pic du Midi. Longtemps il a passé pour le sommet le plus élevé des Pyrénées ; les récentes observations barométriques ont prouvé que le Mont-Perdu et le Vignemale le surpassent de quelques centaines de toises.

Autrefois, personne ne restait à Barèges pendant l'hiver ; les habitants se retiraient à Luz ou dans les dix-sept villages qui sont disséminés dans la vallée. Ils ne sortent jamais sans se munir d'un petit bâton de bois résineux allumé, dont la flamme pétillante tient en respect les loups qui descendent en hiver des Pyrénées, en troupes innombrables, et pénètrent dans les habitations des hommes. Quand il s'en rencontre pendant le jour dans les rues, on tire vaillament des coups de fusil. On fait cependant bien de ne pas sortir pendant la nuit, car c'est alors qu'ils viennent en plus grande quantité. Un desservant, qui revenait la nuit d'auprès d'un mourant auquel il avait administré le viatique, fut attaqué par des loups affamés, qui le dévorèrent ainsi que son cheval. Le lendemain, on trouva sur la neige quelques lambeaux de sa soutane, des traces de sang et des os du cheval. Un pauvre ermite des environs fut également la proie de ces terribles animaux.

MACON.

SAONE — ET — LOIRE.

Mâcon, chef-lieu de département, est située sur la rive droite de la Saône dans une position des plus avantageuses pour le commerce de ses vins. Cette ville, que César appela dans ses Commentaires *Matisco œduorum*, offre quelques vestiges de la domination romaine.

Lorsqu'en 1758 on creusa les fondations du grand hospice, on déterra des vases, des statues de bronze et d'argent et divers autres objets précieux qui attestent que, sur cet emplacement, exista autrefois un temple d'une grande magnificence. On a également découvert, dans les fouilles des fondations de l'église Saint-Vincent, en 1810, un fragment d'un autel élevé à

Jupiter-Tonnant et à Auguste, et une pierre sépulcrale portant une inscription en l'honneur de Gallus. Des monnaies romaines y furent aussi trouvées. Mâcon, sous les Romains, était bâti sur la hauteur dans l'emplacement des Jacobins; plusieurs chartes des septième et neuvième siècles attestent que l'ancienne église Saint-Vincent était construite hors des murs. En 451, Mâcon fut saccagée et réduite en cendres par les Huns, sous la conduite d'Attila; à peine rebâtie, les Sarrasins la ravagèrent de nouveau. Dans le neuvième siècle, Lothaire voulant se venger des comtes Bernard et Guérin qui avaient contribué à rendre la liberté à son père, prit Mâcon, qu'il brûla en partie. Une charte de Louis-le-Jeune apprend que, sous son règne, la ville de Mâcon fut détruite probablement par les mêmes Brabançons, qui, conduits par Guillaume, comte de Châlons, pillèrent Cluny. Les Mâconnais ne réédifièrent leur ville que sous la fin du règne de Philippe-Auguste, elle fut de nouveau close de murs, et y furent faites six portes desquelles la première, qui était celle du Pont, appartenait à l'évêque, qui y députait des portiers; les portes de Bourgneuf et de la Barre étaient en la garde des hommes de l'évêque. La porte de la citadelle et la porte Guichard-Vigier (depuis murée) furent en la garde du comte; enfin la sixième, la porte Saint-Antoine, était commise à un prud'homme agréé par le comte et le chapitre.

Quelques années après les églises et monastères de Mâcon furent brûlés et saccagés. Et sous Louis XI, les chanoines de Saint-Pierre firent ceindre leur monastère de forts murs, quatre grosses tours aux quatre coins et quatre autres sur les flancs, lesquelles, avec les tours de deux superbes portails à ponts-levis, faisaient une forteresse de furieux aspect. Mais, voici ce qu'il advint: les Mâconnais craignant d'être assiégés par les gens de Louis XI, un chanoine de Saint-Pierre, qui avait la conduite de l'horloge, monta de nuit au clocher pour y rhabiller quelque chose; mais comme il portait une lanterne, les Mâconnais se dirent qu'il avait intelligence avec les ennemis, et qu'il leur était allé donner signal avec son feu. Ce bruit de ville échauffa si fort les esprits des soldats et de la populace, que d'une fureur (à laquelle l'autorité du gouverneur ne put résister) ils envahirent ce monastère, et y exercèrent leur rage avec une si grande animosité, que tous les meubles furent pris et enlevés, les bâtiments ruinés et abattus en trois jours, tellement que ce beau et somptueux monastère fut réduit en ruines, l'an 1470. Les chanoines furent contraints de se retirer séparément chez leurs parents.

Pendant les guerres de religion, au seizième siècle, la ville de Mâcon fut prise et reprise plusieurs fois par les troupes des deux partis. Le siége le plus remarquable qu'elle ait soutenu est en 1567, contre les troupes royales. Après plusieurs jours de famine, les habitants demandèrent à capituler. Le duc de Nevers, chef de l'armée, assembla un conseil de guerre, dans lequel furent admis les gentilshommes mâconnais qui servaient dans son armée; presque tous opinèrent pour que les évangélistes fussent passés au fil de l'épée; mais le duc de Nevers repoussa ce moyen extrême, et on accepta la capitulation, qui fut signée le 4 décembre; la garnison déposa les armes et se retira à Genève. Au milieu de ces calamités, toutes les églises de Mâcon et notamment la cathédrale furent encore dévastées; celle-ci fut reconstruite et éprouva le même sort en 1793.

Mâcon est bâtie sur le penchant et au pied d'un coteau; ses rues sont étroites, mal percées, pavées de cailloux roulés qui rendent la marche pénible; les places sont propres, mais petites, les constructions modernes y sont grandes et de bon goût. Depuis la démolition de ses remparts, elle est entourée de boulevarts, d'où la vue se repose avec plaisir sur les jardins et les maisons de campagne qui l'environnent. Le quai qui longe le cours de la Saône est large, élevé, d'une vaste étendue, bordé de jolis hôtels et de cafés élégants; il offre une promenade très fréquentée, formée de belles allées d'arbres qui se prolongent au dessus et au dessous de la ville. Les principaux édifices de Mâcon sont l'hôpital, commencé en 1758, et achevé douze ans plus tard sur les plans du célèbre Soufflot; la maison de la Charité dont l'établissement date de 1680, et l'hôtel de la préfecture, bâti en 1618, par Gaspard Dinet, évêque de Mâcon, sur l'emplacement de l'ancienne citadelle, et qui était, avant la révolution, la résidence de l'évêque. Un pont de douze arches, au dessous duquel la Saône forme une île d'un gracieux aspect, réunit la ville au bourg de Saint-Laurent qui appartient au département de l'Ain. On voit au milieu la colonne qui limite les deux départements. Dès le règne de Charles-le-Chauve, les Juifs avaient été reçus à Mâcon; on leur traça une enceinte dans laquelle ils durent demeurer, et qui prit le nom de *Sabbat*. Ils construisirent, au nord de la ville, un pont qui a retenu le nom de Pont-Jud, *Pons Judæorum*, et qui vient d'être démoli.

Mâcon n'a été définitivement incorporé à la monarchie française qu'à partir de 1544.

BEAUGENCY.

LOIRET.

Beaugency (*Balgentiacum* et *Bugentiacum*) est une ancienne ville sur la rive droite de la Loire, à six lieues d'Orléans. Son antiquité est constatée par des médailles d'empereurs romains trouvées dans différents lieux de son enceinte. Elle a été successivement prise par les Huns, en 451 par les Saxons en 480, par les Normands en 854, et trois fois par les Anglais en 1367, 1411 et 1428. Jeanne d'Arc la reprit en 1429. Les guerres religieuses du seizième siècle lui portèrent un coup funeste, et, depuis cette époque, elle n'a jamais pu recouvrer sa puissance primitive. Elle était anciennement défendue par un château-fort, qui passait pour être l'ouvrage des Gaulois; plus tard, sur ses ruines, fut construit celui dont on voit encore les restes. Ce château relevait en partie de l'église d'Amiens, et en partie du comte de Blois.

Beaugency était autrefois entourée de murs flanqués de tours et de bastions; une partie de cette enceinte est encore debout, une autre partie a été détruite, et a fait place à des promenades. Les fortifications du château s'étendaient jusqu'à ce magnifique pont de trente-neuf arches jeté sur la Loire; elles ont été rasées en 1667. Le seul débris de l'ancien château de Beaugency est une tour massive; sa longueur est de 72 pieds, sur 62 de large; elle était autrefois environnée de murailles; sa couverture en plomb fut brûlée dans le seizième siècle, son élévation était de 125 pieds; mais, en 1767, on a été forcé d'en démolir environ 10 pieds qui menaçaient ruine. La tour de Beaugency, adossée à un monticule d'environ 30 pieds de hauteur sur 100 pieds de surface, offre encore aujourd'hui une masse imposante, qui fait apercevoir la ville de très-loin. L'hôtel-de-ville de Beaugency est un des édifices les plus remarquables de la cité; sa façade est sculptée avec goût, ornée de bas-reliefs, de portraits et d'une salamandre, emblème du règne de François 1er.

Beaugency, p. 60.

Beffroy, d'Arras, p. 63.

Saumur, p. 61.

SAUMUR.

MAINE-ET-LOIRE.

Saumur est encore une des villes qui ont le mieux conservé l'empreinte des générations qui se sont succédé depuis la domination romaine, qui a laissé sur notre sol des traces si nombreuses que l'action du temps semble impuissante à les faire entièrement disparaître. Saumur ne fut d'abord qu'une forteresse élevée pour défendre le passage de la Loire ; mais, ainsi que nous l'avons dit ailleurs, les murs des châteaux-forts étaient alors l'abri le plus sûr pour les chaumières, et bientôt quelques chétives maisons s'élevèrent sous la protection de la forteresse appelée alors le château Truncus.

Vers la fin du xe siècle ces habitations étaient assez nombreuses pour former une cité qui ne pouvait manquer de devenir importante à cause de sa position militaire, position qui fut appréciée par Foulques Néra, lequel s'en empara en 1026, et fit de Saumur une des principales villes de l'Anjou. Sous Philippe de Valois, elle fut réunie au domaine royal ; mais elle en fut ensuite détachée et donnée à François, duc de Guise. Charles IX la réunit de nouveau à son domaine, d'où elle fut encore détachée pour être donnée à Henri de Bourbon ; mais ce dernier étant devenu le roi Henri IV, Saumur rentra définitivement sous l'autorité royale.

Saumur possède plusieurs églises remarquables dont la plus ancienne est Notre-Dame-de-Nantilly, qui renferme une collection assez nombreuse de tapisseries des Gobelins et d'Aubusson, sorte d'immenses tableaux dont la bizarrerie est à peu près le seul mérite. Dans cette église fut inhumée Tiephaine-la-Magine, qui avait été nourrice de Marie d'Anjou, devenue successivement femme de Charles VII et de René d'Anjou. Le tombeau qu'on lui avait élevé a disparu ainsi que cette épitaphe, composée par un poète du temps :

> Ci gist la nourrice Thiephaine
> La Magine, qui ot grant paine
> A nourrir de let, en enfance
> Mary d'Anjou, royne de France
> Et après son frère René
> Duc d'Anjou et depuis nommé
> Comme encore roi de Sicile,
> Qui a voulu en cette ville
> Pour grant amour de nourriture
> Faire sa sépulture,

Les églises de Saint-Pierre, de Saint-Nicolas et de Saint-Jean méritent d'être vues. L'hôtel-de-ville, bâti vers la fin du xve siècle, sous le règne de Louis XI, est un édifice remarquable. Mais les deux plus beaux ornements de cette cité sont les deux magnifiques ponts en pierres jetés sur le fleuve.

« Jadis, dit un historien auquel nous empruntons quelques uns de ces détails, un modeste bac était la seule voie de communication qui existât sur ce point entre les deux rives de la Loire. Les moines de l'abbaye de Saint-Florent en touchaient le revenu, qu'ils cherchaient à grossir le plus possible en rançonnant le voyageur. Fatigués d'être à la merci de la rapacité monacale, les Saumurois empruntèrent un beau jour quelques marcs d'argent à Tours, ville voisine et amie, et en peu de temps des ponts de bois furent construits sur les deux bras de la Loire, au détriment des religieux. Grandes récriminations de l'abbé de Saint-Florent, mais tout fut inutile, les ponts étaient faits; les habitants jouirent en paix de l'exemption que leur avait valu leur industrie, jusqu'à ce que, bien des années après, pour dédommager les moines, Henri II leur donna la possession de ces ponts, à la charge toutefois de les reconstruire peu à peu en pierre. Les Saumurois furent dispensés du droit de péage, et plusieurs siècles s'écoulèrent durant lesquels l'abbaye de Saint-Florent perçut sur le passant son droit seigneurial. Enfin, en 1752, les vieux monuments de la querelle fameuse cédèrent la place à deux magnifiques ponts en pierre dus au génie constructeur de l'ingénieur de Cessart, et terminés par M. Lecreulx. Véritables chefs-d'œuvre de ce genre, qui ne le cèdent ni au pont Saint-Esprit dans la hardiesse et la fermeté de l'exécution, ni à ceux de Neuilly et de Bordeaux, en majesté et en élégance.

Le château de Saumur, plusieurs fois détruit, fut rebâti par saint Louis, qui lui donna le nom de *Salvus murus*, *Sauf mur*, dont on fit Saumur, et qui fut donné à la ville. Cette forteresse, qui a pu être redoutable autrefois, s'élève sur une roche crayeuse; ses murailles étaient flanquées de tours qui ont disparu. Charles VII habita ce château au temps où il travaillait à reconquérir son royaume, et plus tard Henri IV l'assigna pour résidence à l'illustre Duplessis-Mornay, qui y fonda une académie protestante. Ce château sert aujourd'hui de magasin d'armes et de munitions.

Saumur avait depuis longtemps perdu toute son importance militaire lorsque éclata l'insurrection vendéenne. Assiégée par l'armée royaliste, que commandait Henri de Larochejaquelein, elle se rendit à ce chef intrépide et devint le centre des opérations du corps commandé par Cathélineau, qui, de simple charretier était devenu général en chef de l'armée des insurgés. Le sang français coula plus d'une fois sous les murs de cette cité, pendant ces déplorables troubles ; mais enfin Saumur resta aux républicains. C'est aujourd'hui une cité fort paisible à laquelle donne cependant quelque animation l'école de cavalerie qui y est établie et qui jouit d'une réputation méritée.

ARRAS.

PAS-DE-CALAIS.

Arras, ancienne capitale de l'Artois, est aujourd'hui le chef-lieu du département du Pas-de-Calais. Cette ville, fort ancienne, est située sur la Scarpe. Louis XIII prit cette ville en 1640. Les habitants avaient placé sur une des portes cette inscription :

> Quand les Français prendront Arras,
> Les souris mangeront les chats.

Un Français fit ôter le *p* du mot *prendront*. Le prince de Condé, qui tenait le parti des Espagnols, fut obligé d'en lever le siége en 1654. L'hôtel-de-ville d'Arras est son monument le plus remarquable, sa construction remonte au seizième siècle. Jusqu'à la fin du quinzième siècle, l'ancienne maison de ville (Halle échevinale) était située sur une petite place, près de l'ancienne église Saint-Géry ; mais le bâtiment se trouvait dans un tel état de dégradation et de vétusté, qu'alors les magistrats et les bourgeois d'Arras formèrent le projet d'élever un édifice plus digne de la capitale d'une province. On s'arrêta à l'idée d'un bâtiment spacieux, commode et surmonté d'un beffroi qui dominerait toute la ville.

La partie de la place qui se trouve sur le prolongement de la rue Saint-Géry, fut l'emplacement choisi, et la construction fut terminée en 1508.

La tour de son beffroi, travaillée avec beaucoup de hardiesse et de délicatesse, est conçue aussi dans le style de l'architecture gothique ; elle est carrée à sa base, s'arrondit en s'élevant avec élégance et est terminée par une couronne en pierre de taille, comme le reste de l'édifice, supportant les armes de la ville, représentées par un lion dressé sur ses deux pattes et tenant une girouette à l'extrémité de laquelle se trouvent les insignes du gouvernement. Les fondements du beffroi furent assis par les Français, en 1492 ; il fut achevé par les Espagnols, en 1554, démoli en partie en 1836. Par crainte d'accident, on s'occupe à le relever de ses ruines.

Le 3 octobre 1541, on convint avec Jacques Halot, habile horloger d'Arras, d'ajouter une horloge, carillon neuf, à ce beffroi, avec des touches pour y jouer des airs de musique à plusieurs parties.

On y plaça plus tard la belle et grosse cloche connue sous le nom de *Joyeuse* ; elle était auparavant dans le clocher de l'église Saint-Géry, et portait le nom de *Ban-Clocque* ou *Clocque-à-Ban* ; elle pesait environ 18,000 livres. Fêlée en 1464, durant le séjour de Louis XI à Arras, elle fut refondue peu de temps après.

Le beffroi et l'hôtel-de-ville d'Arras ont perdu une partie de leurs ornements. La tribune (*la Brétèque*) où se faisaient les proclamations publiques, et d'où les chartes et ordonnances étaient lues au peuple, et la triple rangée de fenêtres qui coupait la monotonie du toit, ont été détruites ou maladroitement refaites.

Une seconde façade à l'hôtel-de-ville tient à celle que nous venons de faire connaître et la prolonge vers la rue Saint-Géry. Postérieure à la première (1576), elle est revêtue de cette forme architecturale qu'on a nommée, à juste titre, style de la renaissance.

Arras est la patrie de Maximilien Robespierre.

NANTES.

LOIRE-INFÉRIEURE.

La ville de Nantes, dont l'origine se perd dans la nuit des temps, était déjà, au commencement du xe siècle, une cité importante ; mais elle n'avait pour fortifications que quelques ouvrages incapables de la mettre à l'abri d'une invasion, lorsque, en 930, Alain-le-Grand, duc de Bretagne, dont cette ville était la résidence, y fit construire un château-fort sur l'emplacement où se trouve aujourd'hui la citadelle. Le duc espérait, grâce à cette forteresse, pouvoir résister aux Normands dont les barques avaient déjà paru plus d'une fois au pied des murailles de la ville, baignées par la Loire ; mais les constructions étaient à peine terminées que les Normands apparurent de nouveau, prirent la ville qu'ils détruisirent de fond en comble. Le château, après s'être vigoureusement défendu, fut aussi obligé de se rendre, et il eut le même sort que la ville.

Dix ans s'écoulèrent pendant lesquels les Normands se maintinrent sur les ruines de la ville et du château de Nantes ; mais ils furent enfin chassés par le duc Alain-Barbe-Torte, qui voulant,

Nantes, p. 64.

après la victoire, aller rendre grâce à Dieu dans la grande église, fut obligé de s'ouvrir la route à travers les ronces et les épines, avec son épée encore rouge du sang de l'ennemi, tant l'œuvre de destruction était complète. Ce duc fit reconstruire le château, qui reçut le nom de Tour de Sainte-Hermine, et il y établit sa résidence. En 952, Alain-Barbe-Torte étant mort, les Normands reparurent, mais déjà la ville s'était relevée; les fortifications du château étaient devenues formidables, et les barbares, après avoir fait des pertes considérables sous ses murailles, furent contraints de se retirer.

A partir de cette époque, la ville se fortifia de plus en plus, l'enceinte de la tour Sainte-Hermine fut agrandie; ses murailles s'épaissirent et furent flanquées de tours. Le duc Conan, vers le milieu du XIe siècle, fit encore élever de nouvelles constructions, qui, dans le siècle suivant, furent considérablement augmentées. Au XIIIe siècle, le duc Guy de Thouars y ajouta encore. Enfin, pendant l'occupation de la France par les Anglais, au temps de Charles VI et Charles VII, et pendant les guerres civiles du XVIe siècle, la forteresse de Nantes subit tous les changements nécessités par les nouvelles découvertes de la révolution qui s'était opérée dans l'art de la guerre. Mais les diverses parties de ces constructions manquaient d'homogénéité lorsque, en 1588, après le meurtre du duc de Guise aux états de Blois, le duc de Mœrcœur ayant résolu de partager la fortune de la Ligue, vint s'établir dans le château de Nantes, auquel il fit faire de tels agrandissements, des changements si nombreux et si importants, que l'on peut à bon droit le considérer comme le fondateur de la citadelle telle qu'elle est aujourd'hui. Il y fit construire deux bastions, l'un du côté de la ville, l'autre sur la Loire, un rempart, des demi-lunes, des tours et un fossé communiquant avec la Loire.

Tous ces ouvrages, qui existent encore, ont pourtant encore subi d'importantes modifications. Le cardinal de Richelieu, qui ne négligeait aucune occasion de déployer son génie et ses connaissances militaires, fit remuer les pierres du château de Nantes, et ses armes frappées sur les murs de la chapelle rivalisèrent avec la croix de Lorraine appliquée aux flancs des remparts. Enfin, un incendie qui consuma une partie du château, en 1670, marque la date des constructions récentes, dont le caractère moderne contraste avec les différents styles que présentent les vieilles faces de l'édifice.

La tour de Sainte-Hermine ainsi transformée, est aujourd'hui une forteresse importante pour sa force militaire, et un monument des plus curieux sous le rapport architectural; mais son principal intérêt est dans les traditions qui se rattachent à ses antiques murailles, et dans le souvenir des événements historiques dont il a été le théâtre. Palais des ducs de Bretagne et des comtes de Nantes avant la réunion de la province à la couronne de France, séjour des gouverneurs, demeure des rois pendant leurs voyages, forteresse de la ville contre les ennemis étrangers, prison d'État, refuge des agents du pouvoir, lorsque l'émeute bretonne, jadis si prompte, si ardente et si opiniâtre, agitait la cité, le château de Nantes, à ces titres divers, a vu jouer dans son enceinte ces scènes dramatiques de tout ordre et de toute nature, que nouent et dénouent les intrigues et les passions des cours, les calculs de l'ambition et de la politique, les vicissitudes de la guerre, les actes de justice ou d'injustice, et les soulèvements du courroux populaire.

Dans ses vastes salles se donnèrent ces fêtes et ces banquets splendides, où les ducs de Bretagne, formidables vassaux de la couronne de France, comptèrent des rois d'Angleterre, de France, de Sicile, parmi leurs convives, et où, après eux, les rois de France, leurs héritiers, vinrent tous, de Louis XII à Louis XVI, s'asseoir en maîtres, et ranimer par leurs pompes royales la mémoire éteinte de la magnificence ducale. Quoique les murailles aient eu de nombreuses attaques à repousser depuis le temps où les flots de la Loire, dont elles sont encore baignées, jetèrent à leur pied les barques normandes, cependant, elles n'ont guère été témoins que de faits d'armes vulgaires. Mais, au château de Nantes appartient l'histoire dramatique de Pierre Landois, ce fils de tailleur, que la faveur du faible duc François II (xve siècle) avait fait maître de la vie et de la bourse des Bretons.

Les prisons du château avaient vu se consumer dans la faim et la misère le chancelier Chauvin, dont la fierté et la vertu indépendantes avaient offensé l'insolent favori. Le prince d'Orange, le maréchal de Rieux, Louis de Rohan et d'autres seigneurs bretons, voulant venger à la fois sa mémoire et leurs injures personnelles, s'introduisirent dans la citadelle, et pénétrèrent jusqu'à l'appartement du duc, pour lui demander la tête de son ministre. Mais Landois s'étant échappé, et étant descendu dans la ville, réussit à soulever le peuple au nom du duc, dont il disait les jours menacés; les conjurés furent obligés de fuir et d'ajourner l'exécution de leurs projets. L'heure favorable leur sembla venue lorsque de nouveaux attentats de Landois eurent rendu l'indignation générale. Toute la population de Nantes, ameutée par les seigneurs et appuyée par l'armée, vint frapper, furieuse, aux portes du château, et sommer le duc d'abandonner son favori à la vindicte publique. En vain la foule avait-elle brisé les barrières et s'était-elle répandue dans les cours, en vain le comte de Foix disait-il à François : « Monseigneur, je vous jure que j'aimerais mieux être prince d'un million de sangliers que de tel peuple que vos Bretons; il n'y a pas à balancer, il faut livrer votre ministre. » Le duc résista jusqu'au

Pornic, p. 67.

Château d'Angoulême, p. 69.

moment où les insurgés s'avancèrent vers ses appartements. Alors il retira Landois d'une armoire, où il l'avait caché et enfermé, et le confia à son chancelier, en le rendant responsable, sur sa vie, de tout grief qui pourrait advenir. Quelques jours après, néanmoins, le ministre coupable était condamné et exécuté, à la grande joie du peuple.

L'édit de Nantes est aussi une des illustrations de la citadelle de cette ville. Henri IV le signa en 1598, dans la salle où les ducs de Bretagne recevaient les hommages de leurs vassaux, où les rois de France tenaient leur cour, et où tout à l'heure encore le duc de Mercœur trônait au nom de la Ligue. « Ventre-saint-gris ! les ducs de Bretagne n'étaient pas de petits compagnons ! » s'était écrié le roi, après avoir admiré la ville, le château et ses fortifications. Les derniers événements politiques ont encore ajouté une page à l'histoire du château de Nantes : le nom de la duchesse de Berry clôt la liste des illustres prisonniers qu'ont enfermés ses murailles.

PORNIC.

LOIRE-INFÉRIEURE.

A onze lieues de Nantes on voit la petite ville maritime de Pornic, bâtie en amphithéâtre sur un côteau élevé de près de quatre-vingts pieds au dessus du niveau de la mer. Elle se divise en haute et basse ville. Quelques-unes des rues sont de véritables escaliers. Plusieurs maisons ressemblent aux grottes creusées sur les rives de la Loire, aux environs de Tours. Ces maisons ont leurs jardins au dessus des toits. Tout Pornic jouit d'un air vif et très sain, et les habitants semblent y jouir de l'aisance et de tous les agréments d'une vie bourgeoise. Pornic a été brûlée, pendant la révolution, par l'armée vendéenne, puis rebâtie avec embellissements.

Sur un des côteaux qui forment le port de Pornic, on voit les ruines restaurées d'un ancien château, qui appartenait jadis aux ducs de Bretagne, et dans lequel ils entretenaient garnison depuis Pierre Mauclerc. Ce Pierre Mauclerc, tige des derniers ducs de Bretagne, est regardé comme le prince le plus spirituel et le plus habile de son temps, mais ayant plus de penchant vers le mal que vers le bien; et dans ce qu'il eut de bon, il se glissa toujours quelque vice pour en effacer le mérite; inquiet et turbulent, il eut presque toujours les armes à la main, et les employa tour à tour contre les ennemis de l'État, contre ses sujets, contre son roi, et contre les infidèles.

Le château de Pornic, abandonné depuis 1792, était dans un état complet de dégradation, car la guerre civile avait achevé la destruction de ce qui avait échappé au temps, il ne restait plus que quelques masures, asiles des reptiles et des oiseaux de proie, lorsqu'en 1824 un habitant de Nantes forma le projet de soustraire au vandalisme les restes de cet antique monument, qui était encore remarquable par son heureuse situation, et par les ruines d'une tour désignée sur les nouvelles cartes comme l'un des points les plus essentiels pour les marins qui fréquentent la baie de Bourgneuf. Depuis on y a fait quelques constructions dans le genre italien, en alliant autant que possible le goût moderne avec les débris de cet ancien édifice qui doit dater du commencement du xii° siècle ; c'était l'une des nombreuses possessions de Gilles de Laval, seigneur de Retz, trop fameux sous le nom de maréchal de Retz.

A côté de ce vieil édifice, on voit une croix de pierre, plantée dans une position oblique ; cette croix, on ne sait par quel motif, se nomme la croix des huguenots. L'entrée du port de la petite ville de Pornic a environ 200 toises de largeur, et se prolonge sur une longueur de 600 toises entre deux côteaux hérissés de rochers, jusqu'à la ville qui en forme le fond, et dont la situation en amphithéâtre offre un aspect pittoresque. Une écluse, construite au fond du port, retient l'eau de la rivière de Haute-Perche, ainsi que celle qu'y introduisent les marées, et permet de remonter ce canal à environ deux lieues dans les terres. Ce port est fréquenté par quarante à cinquante frêles barques de dix-huit à vingt tonneaux, qui font journellement la navigation de la petite baie de Bourgneuf, pour aller chercher des engrais dans l'île de Noirmoutier et autres points de la côte du département de la Vendée, où elles portent en échange du bois provenant de l'exploitation des forêts du pays de Retz. A la pleine mer, le coup d'œil est gracieux, et lorsqu'elle baisse, elle laisse à découvert une plage ferme et sablonneuse qu'on peut traverser en tous sens. Pornic est une ville très fréquentée dans la belle saison pour ses bains de mer : on les prend à la lame sur une vaste grève ou dans des grottes que le temps a creusées au pied des rochers, et dans lesquelles l'eau se renouvelle à chaque marée. Ces grottes sont d'autant mieux disposées pour prendre les bains de mer, qu'elles offrent un abri constant contre les vents du sud et de l'ouest qui règnent souvent et battent en plein la côte. Dans la saison des eaux, on trouve à Paimbœuf, qui n'est éloignée de Pornic que de quatre lieues, une voiture publique qui fait ce trajet en deux heures ; de sorte qu'au moyen de bateaux à vapeur, qui parcourent la distance de Nantes à Paimbœuf dans le même laps de temps, on peut se rendre dans quatre heures de la capitale du département à Pornic, d'une manière agréable et sans fatigues.

De la plate-forme du château de Pornic, l'œil plane sur la baie de Bourneuf et l'embouchure de la Loire ; on découvre Beauvoir, Noirmoutier, la tour de Batz, Escoublac et ses dunes, enfin le plateau du Four, d'où s'élève majestueusement le phare du Croisic.

ANGOULÊME.

CHARENTE.

Angoulême, de fondation romaine, selon la tradition populaire des Angoumois, ville qui passa de la domination des Romains à celle des Visigoths avant d'appartenir à la couronne de Clovis, et qui est placée dans une superbe situation, possédait un vieux château dont il ne reste plus que quelques tours. Ce château, situé au milieu de la ville, la dominait par sa position élevée. Anciennement, ce monument était appelé *le Château de la reine*, pour avoir appartenu à Isabelle Taillefer, comtesse d'Angoulême, femme, en premières noces, de Jean-sans-Peur, roi d'Angleterre, si célèbre dans l'histoire sous le nom de Comtesse-Reine.

La maison de Taillefer était ainsi désignée depuis Guillaume Ier, comte d'Angoulême, lequel, dans une bataille contre les Normands, fendit d'un grand coup de rapière leur chef Storis, malgré la cuirasse dont il était couvert. Sa postérité a conservé le nom de Taillefer (*sector ferry*). La grosse tour ronde est la partie la plus ancienne du château. On en pourrait reculer la construction, avec quelques autres bâtiments de peu d'importance, jusque vers le milieu du XIIe siècle. Au rez-de-chaussée de cette tour se trouvait la grande salle commencée par la veuve de Hugues III, mort en 1282. On y aperçoit quelques traces des armoiries de cette famille. Au second étage est une autre salle, construite par le comte Jean, aïeul de François Ier, et décorée du blason de la maison d'Orléans-Angoulême et de ses nobles alliances. Les créneaux en accolades de cette vieille tour paraissent être postérieurs à l'époque du comte Jean, bien qu'ils soient à demi écroulés.

La grande tour, en forme de polygone, où l'on voit aujourd'hui un télégraphe, a été bâtie par Hugues IV, qui mourut en 1303. Les créneaux sont en ogives. Le reste du château ne remonte pas au delà du XVe siècle, et la partie de l'ouest est même beaucoup plus moderne.

L'histoire de ce château se confond en grande partie avec celle du duché et du comté d'Angoulême. Le premier comte de Périgord et d'Angoulême est Vulgrin Ier (866). Le plus illustre est Guillaume Taillefer, sous qui le comté devint arrière-fief de la couronne et fief du duché d'Aquitaine. Le dernier comte est Vulgrin III, mort en 1181. Sa fille Mathilde porta le comté à Hugues IX, sire de Lusignan et comte de la Marche. Le comté d'Angoulême fut réuni à la couronne en 1308, donné à Philippe d'Evreux en 1328, confisqué sur Charles-le-Mauvais en 1354, et attribué en même temps au connétable Charles d'Espagne. Il fut ensuite cédé aux Anglais en souveraineté en 1260, puis repris en partie en 1372 et années suivantes. Il devint l'apanage de Louis, duc d'Orléans, fils de Charles V, et passa au fils puîné de ce prince, qui fut la tige des seconds Valois. François Ier, issu de cette branche, porta d'abord le titre de comte d'Angoulême. Devenu roi, il fit du comté un duché qu'il donna à sa mère. A la mort de celle-ci, ce duché fut réuni à la couronne, puis détaché pour l'apanage de princes naturels dans le XVIIe siècle. Depuis cette époque, ce titre de duc d'Angoulême n'a plus été qu'un pur titre. La plupart des personnages que nous venons de citer ont habité le château d'Angoulême.

DIEPPE.

SEINE-INFÉRIEURE.

Située à l'embouchure de la Béthune, Dieppe est une des plus agréables villes de la Normandie. Sa principale industrie consiste dans la pêche et la salaison du hareng, du maquereau et de la morue, sa fabrique de dentelles et tisserie. Dieppe fut la patrie du célèbre marin Duquesne. On y compte seize mille habitants. Cette ville jouit de sa plus grande prospérité, sous la restauration, qui avait mis à la mode ses bains d'eau de mer. Là, toutes les conditions du confortable avaient été réunies.

Les anciens bains de Dieppe étaient très incomplets, ou plutôt il n'en existait pas. Un établissement des bains à la lame fut donc construit sur le rivage de la mer. Le terrain libre qui défend la ville de Dieppe contre les flots offre une ligne très étendue, circonscrite à l'est par la jetée du port, et à l'ouest par la longue chaîne de falaises, qui s'étend au loin pour donner naissance à un des plus beaux bassins de l'Océan

Dieppe, p. 70.

C'est dans ce lieu agréable qu'on a fondé, au milieu du galet et à peu de distance du Château-Fort, le nouvel établissement.

Il se compose d'une galerie couverte de cent-vingt pieds de long, interrompue à sa partie moyenne par un arc de triomphe, et de deux pavillons aux extrémités. Le premier, situé à l'ouest, est réservé aux dames ; le second, à l'est, est consacré aux hommes. Chacun, dans la face correspondante à la mer, offre un avant-corps, orné de quatre colonnes formant péristyle. Le pavillon des dames renferme un magnique salon, meublé avec goût et servant de lieu de réunion avant et après le bain. Ce salon communique à la fois à deux pavillons de repos pour les baigneurs. Un autre salon circulaire sert de vestibule à ces diverses pièces.

L'intérieur du pavillon destiné aux hommes offre des dispositions semblables ; mais la pièce principale est convertie en une grande salle de billard.

Ces deux pavillons communiquent entre eux par une galerie qui s'étend sur une ligne parallèle à la mer et au mur de la ville.

La voûte de l'arc de triomphe, formant portique, est revêtue de caissons et de rosaces dans toute son étendue : au dehors, des niches grecques, pratiquées dans les angles, renferment quatre statues représentant les principales mers. Un escalier demi-circulaire conduit de l'une de ces salles à une vaste plate-forme, couronnant le portique, et où des lunettes d'approche, disposées à cet effet, permettent de découvrir au loin les bâtiments et les côtes de Normandie, dans un espace de plus de dix lieues.

En face du pavillon et de l'arc de triomphe que nous décrivons, sont placés les *pontons* à balustrades, que les baigneurs ont à parcourir pour se rendre à la mer. Au bas de ces pontons ils trouveront des tentes où ils pourront s'habiller et se déshabiller à l'abri des injures de l'air. Des *guides jurés*, intrépides nageurs, d'une moralité éprouvée, et capables du plus grand dévoûment, accompagnent les baigneurs à la mer, les surveillent pendant le bain, et doivent les protéger contre la violence des vagues, si l'on pouvait craindre les suites d'une percussion trop vive ou trop longtemps prolongée. Cette méthode prévient jusqu'aux moindres accidents.

BLAYE.

GIRONDE.

Blaye, ville ancienne, forte et maritime de l'ancienne Guyenne, chef-lieu de sous-préfecture, place de guerre de quatrième classe, sur la rive droite de la Gironde, est à 7 lieues de Bordeaux, un peu au-dessous du confluent des deux rivières qui se réunissent au bec d'Ambès et à 150 lieues S.-O. de Paris. Sa population est évaluée de 4 à 5,000 âmes. Blaye, dans une situation agréable, domine une superbe rade, qui reçoit tous les bâtiments qui montent ou descendent la rivière. Elle est bâtie au pied et et sur la cime d'un rocher escarpé, et se divise naturellement en haute et basse ville. Cette dernière n'est, à proprement parler, que le faubourg de la première, dont elle est séparée par une petite rivière où la marée remonte. La ville haute, plus connue sous le nom de *Citadelle de Blaye*, occupe le sommet du rocher; elle est flanquée de quatre grands bastions, accompagnés de plusieurs ouvrages de très-bonne défense, construits par Vauban, nouvellement réparés et entourés de fossés larges et profonds. On remarque la fontaine publique qui est au centre de la ville. En face de Blaye, la rivière, suivant la *Géographie universelle*, a deux lieues de large; mais un ouvrage que nous croyons plus exact lui donne 1,900 toises. C'est à cause de cette grande distance qu'en 1689 on construisit un fort dans une île située à peu près au milieu du fleuve, c'est-à-dire à 800 toises de Blaye et à 1,100 toises du fort de Médoc, érigé en face sur la rive gauche de la Gironde. Le fort, construit dans l'île, est connu sous le nom de *Pâté*; ses feux, se croisant avec ceux du fort de Médoc et de la citadelle, interceptent et défendent le passage de la Gironde, d'ailleurs très-difficile à cause des bancs de sables mobiles qui se trouvent à l'embouchure du fleuve. Le *Pâté* est flanqué, comme la *citadelle de Blaye*, de quatre bastions accompagnés de batteries à barbettes. Du milieu du fort s'élève une grande et belle tour en maçonnerie. Blaye était connu du temps des Romains, qui y entretenaient une garnison. Elle fut prise en 1568 par les calvinistes, qui profanèrent le tombeau de Cherebert ou Charibert. Ce roi y mourut en 570, et avait été enterré dans une abbaye qui y existait sous le nom de Saint-Romain. Une ordonnance de Louis XI, de 1474, obligeait les vaisseaux qui montaient à Bordeaux de laisser à Blaye leurs canons et leurs armes. Naguère aussi ils y prenaient des pilotes et des allèges. Cette opération se fait aujourd'hui plus généralement à Pauillac.

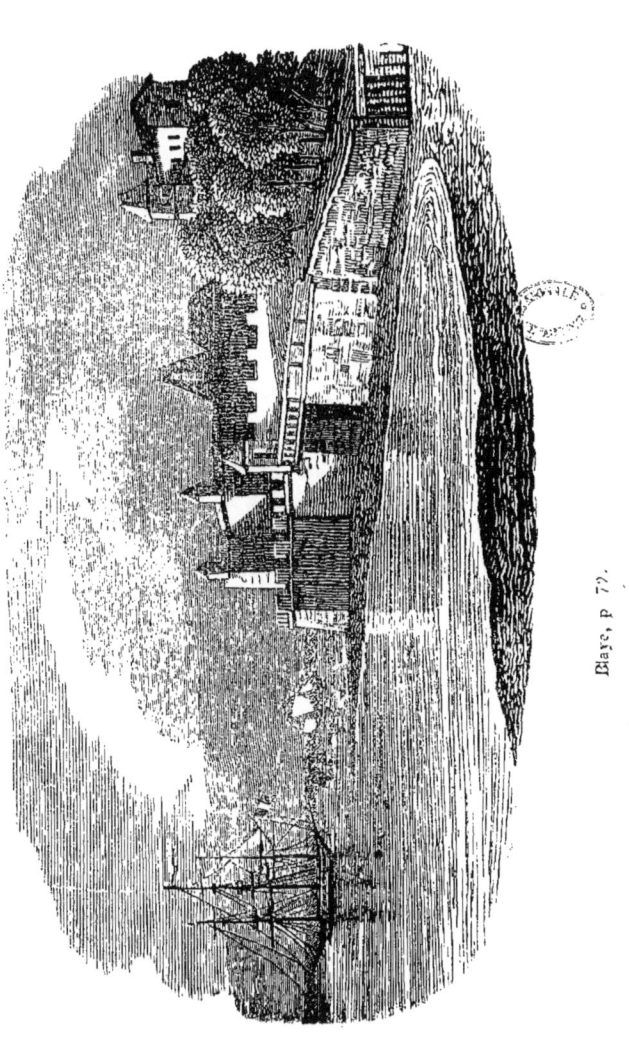

Blaye, p 72.

Trévoux, p. 7.

TRÉVOUX.

AIN.

Trévoux, capitale, parlement et châtellenie de l'ancienne principauté de Dombes, est bâtie sur le penchant d'une colline entre le Mâconnais et le Lyonnais. La Saône baigne, sur toute cette rive, les plaines fertiles de la Bresse, de ce département de l'Ain qui défend à la fois ses limites contre Lyon et contre Genève.

La ville de Trévoux est ancienne; c'est devant ses murs que Septime-Sévère remporta, contre son compétiteur Albinus, qu'il tua, la grande bataille de Trévoux, qui le fit plus réellement empereur que ses droits et le titre dont il était revêtu depuis quatre ans. Bâtie à l'endroit même où l'un des grands chemins qu'Agrippa avait fait établir dans les Gaules se partageait en trois voies, la ville fut d'abord nommée *Trivium* ou *Triviæ*, puis, par corruption, on a dit et nous répétons encore aujourd'hui Trévoux. Onze châtellenies se développaient autour de cette châtellenie principale, et résumaient toute la puissance du pays. De la domination romaine, la principauté de Dombes passa sous la domination des Bourguignons, et fit partie de leur royaume. Elle fut reconnue absolument indépendante dès le temps du roi Philippe-Auguste; François Ier la confisqua pour la réunir à la couronne, et, dans la suite, Charles IX, l'abandonnant à Louis de Bourbon, ne voulut en retenir autre chose que *la bouche et les mains*, c'est-à-dire le respect par la parole et le secours par les armes. Ainsi, sujets seulement d'hommage, ses princes, en véritables rois, établirent à Trévoux un parlement qui y rendait la justice sans appel; ils anoblirent et imposèrent les taxes à leur gré, et frappèrent monnaie à leur effigie. Ce dernier droit leur valut d'immenses richesses pendant tout le temps que dura le commerce des pièces de cinq sous et des sequins d'or avec le Levant. Les Vénitiens voulurent se plaindre de la fabrication des sequins au coin de saint Marc; mais il leur fut répondu que saint Marc était et demeurerait le patron de la ville libre de Trévoux, aussi bien qu'il l'était de Venise. Le roi Louis XIV consacra de nouveau l'indépendance et les droits de Trévoux, par des lettres-patentes qui déclarent que « son souverain n'est point à son égard comme un vassal à l'égard de son seigneur, mais simplement comme un souverain à l'égard d'un plus puissant. »

Trévoux est située au milieu de l'un des plus magnifiques et des meilleurs pays. A voir les bords de la Saône et la riche apparence des vastes vignobles qui s'étendent au-delà de Mâcon, à cette végétation puissante baignée par les flots purs d'un si beau fleuve, à tout ce littoral qui semble avoir été enlevé au paradis de nos premiers pères, qui pourrait reconnaître le théâtre de tant de misères et de tant de douleurs ? Depuis l'époque de la construction de Trévoux et du pont de Mâcon jusqu'aux guerres religieuses du seizième siècle, ces populations devinrent tour à tour la proie des conquérants de la Bourgogne; la peste les assaillit trois fois et trois fois les décima. Et, vers le milieu du treizième siècle, saint Louis, partant pour la Palestine, et croyant faire une œuvre pie, acheta de ses deniers le comté de Mâcon, et lui laissa son étendard pour protecteur; mais le saint roi, en y faisant broder la double croix qui ornait son justaucorps, voua toute cette contrée et la principauté de Dombes aux luttes incessantes et aux haines vivaces de religion.

L'ancienne Trévoux, la ville primitive, avait été bâtie presque au sommet de la colline, et domine entièrement la cité moderne, sur laquelle, s'il faut en croire une légende, elle laisse méchamment rouler une pierre chaque fois qu'on y parle mal de ses ruines. Les druides rendaient des oracles dans la forêt qui l'avoisinait, sorte de succursale de la célèbre forêt druidique qui couvrait la partie de la Côte-d'Or où s'élève aujourd'hui Saulieu, la ville incrédule, trois fois rebelle à Louis XI et toujours fidèle à Henri IV. Trévoux n'a rien de remarquable dans ses monuments; l'habitation seule des jésuites porte leur écusson : c'est une épée en sautoir, comme pour rappeler que saint Ignace de Loyola, blessé à la prise de Pampelune, fut obligé de renoncer à porter les armes, et, embrassant l'état ecclésiastique, devint le fondateur de cet ordre. Les terres qui s'étendent derrière Trévoux, coupées de plaines et de collines, sont arrosées par des étangs poissonneux et les trois petites rivières de Chalaronne, de la Veille et du Forment. Les forêts et les bois offrent la chasse la plus abondante, et presque toute la population de ce pays est une population de chasseurs.

Rouen, p. 75.

ROUEN.

SEINE-INFÉRIEURE.

Il existe peu de villes en France où les laborieuses générations du moyen-âge aient laissé plus de traces qu'à Rouen ; il n'en est point, peut-être, qui présente une physionomie plus individuelle, plus caractérisée, plus différente de nos cités modernes, plus riche en magnifiques monuments qui attestent la courageuse patience des artistes. Dix siècles ont contribué à ces pieux travaux, et si quelques-uns des précieux anneaux de cette chaîne de chefs-d'œuvre ont cédé aux atteintes des Barbares ou aux ravages du temps, du moins la ville de Rouen la voit avec orgueil se prolonger jusqu'à nos jours, et promettre de signaler encore le dix-neuvième siècle par d'importantes reconstructions. L'aspect de Rouen fait naître l'idée d'une cité gothique qui, récemment dégagée des immenses débris sous lesquels elle avait caché, pendant des siècles, la flèche de ses basiliques et le faîte de ses palais, réunirait tout à coup un peuple de curieux empressés de la contempler, et ne verrait s'élever, dans l'espace qui sépare ses monuments, que l'architecture fragile des hôtelleries et des bazars.

Le palais-de-justice de Rouen que Louis XII fit élever, dans son désir d'asseoir la justice sur des bases stables et aussi pour complaire à son ministre et ami le cardinal Georges d'Amboise, est digne du protecteur des arts, éclairé et libéral, sous les auspices duquel il fut entrepris et achevé, et se place au premier rang des monuments de la ville de Rouen. C'est une des dernières et belles créations que l'art gothique, prêt à disparaître devant le génie de la renaissance, ait laissées dans la France. Hardi dans son plan et délicat dans son travail d'exécution, l'édifice donne particulièrement à admirer ses élégantes fenêtres, dont l'encadrement, sculpté avec goût et recherche, pare la nudité monotone du toit, et sa tour légère que l'on aime à appeler de son nom de *Cabinet doré*. Le monument est d'autant plus précieux qu'il appartient tout entier à une seule et même époque, et qu'il ne se compose point de morceaux successivement rapportés à de longs intervalles. L'œuvre de Louis XII ne reçut aucun accroissement jusqu'au commencement du dix-huitième siècle. On y ajouta alors toute une aile, mais l'architecte ne s'inspira nullement du modèle qu'il avait sous les yeux, et ne chercha en aucune façon à renouer la chaîne rompue du temps, par quelque soudure habilement pratiquée, de manière à ne former qu'un tout homogène. La partie datée du règne de Louis XIV a perdu une décoration qui rachetait la triste aridité de l'ensemble. C'était une fresque magnifique, représentant l'Innocence poursuivie par le Mensonge et se réfugiant dans les bras de la Justice, que couronnait la Religion, et qui terrassait la Fraude et la Chicane : ce bel ouvrage, du Rouennais Jean Jouvenet, l'un des peintres les plus renommés du siècle de Louis XIV, a été détruit par l'écroulement du plafond qu'il ornait.

A l'un des angles de cette place de Rouen où l'héroïne d'Orléans, Jeanne d'Arc, fut brûlée vive (30 mai 1431), pour l'éternel opprobre de l'Angleterre qui commit le crime, et de la France qui le souffrit, une élégante tourelle, tout empreinte de la poésie du moyen-âge, se détache légèrement d'une masse de constructions vulgaires et modernes. D'après les croyances populaires, qui, ne vivant que de sentiment, ne se laissent ramener à l'aride positif ni par l'ordre chronologique, ni par l'exactitude des faits ; qui voudraient que sur cette place, chaque chose fût consacrée par quelque souvenir de Jeanne d'Arc, et racontât quelque fragment de son histoire, cette tourelle serait la prison où la martyre aurait été détenue avant de monter sur le bûcher. Cette opinion, qu'on peut appeler une protestation instinctive du peuple contre l'indifférence avec laquelle tout ce qui parlait de Jeanne d'Arc a été abandonné à la destruction, n'a aucun fondement : depuis un siècle, la bergère de Vaucouleurs avait cessé de faire trembler les Anglais, lorsque la tourelle fut construite.

L'hôtel du Bourg-Théroulde, dont cette tourelle semble l'enseigne extérieure, est, parmi les édifices privés que possède la France, le spécimen le plus curieux, et le plus parfait peut-être, du goût et du talent des architectes et des sculpteurs de l'époque de la renaissance.

On devine, à des indices certains, que le palais fut élevé, ou du moins décoré, entre les années 1530 et 1550, et que François Ier y accepta l'hospitalité pendant l'un des voyages qu'il fit dans la capitale de la Normandie ; on sait seulement que l'œuvre précieuse fut exécutée par les ordres d'un Guillaume-le-Roux, seigneur de Bourg-Théroulde, et de son fils, abbé d'Aumale.

Lorsque les seigneurs du Bourg-Théroulde levaient les yeux sur leur tourelle, les douces et vivantes campagnes de la Normandie étaient rendues à leur pensée : aussi la tradition populaire raconte-t-elle encore que Jeanne d'Arc sentit son noble courage chanceler à l'aspect des murs de cette prison, où tous les souvenirs de son heureuse enfance seraient venus assaillir son cœur.

Rouen, p. 76.

Soit que des liens particuliers attachassent les seigneurs du Bourg-Théroulde à François Ier, soit qu'ils eussent voulu rendre leur château plus digne de l'hôte royal qu'ils y attendaient, ou rappeler à jamais son séjour, soit enfin qu'ils eussent pensé que, dans ce palais des arts, tout devait rappeler le prince qui les faisait fleurir, l'hôtel du Bourg-Théroulde est, pour ainsi dire, placé sous son invocation. L'image du monarque apparaît taillée dans la pierre ; ses armoiries personnelles et les armes de France sont frappées sur les pans de murailles, et peintes sur les vitraux en losanges des croisées gothiques.

Ces fragments de sculptures ne sont que les moindres souvenirs de François Ier, gravés sur l'hôtel du Bourg-Théroulde : ils servent à préparer seulement à un magnifique bas-relief, qui représente un des événements les plus mémorables des premières années de son règne, la fameuse *entrevue du Camp du drap d'or*, entre François Ier, roi de France, et Henri VIII, roi d'Angleterre.

Toutes les conditions de l'entrevue avaient été minutieusement réglées : les deux princes devaient se rencontrer, pour la première fois, à une distance égale de la petite ville anglaise de Guines, non loin de Calais, et de la petite ville française d'Ardres, mais sur le territoire anglais, ce qui avait été arrêté par esprit de compensation; parce que Henri VIII, en traversant la mer, semblait faire plus que François, qui n'avait à voyager que par terre. A l'exemple de leurs maîtres, les grands seigneurs de France et d'Angleterre, dans leur émulation patriotique, rivalisèrent si bien de luxe et de pompe, pendant quinze jours de tournois, de fêtes et de festins, qu'ils s'en revinrent ruinés, « plusieurs d'entre eux y ayant apporté, selon Dubellay, leurs moulins, leurs forêts et leurs prés sur leurs épaules. » La rivalité des deux rois ne fut pas moins fastueuse. « Le roi d'Angleterre, dit un contemporain, festoya le roi de France près de Guines, en un logis de bois où il y avait quatre corps de maison, lequel il avait fait construire et charpenter en Angleterre, et amener de çà tout fait. Il était couvert de toiles peintes en forme de pierres de taille, puis tendu, par dedans, des plus riches tapisseries qui se pussent trouver, en sorte qu'on ne l'eût pu juger autre, sinon un des plus beaux bâtiments du monde ; et en avait été pris le dessin, sur la maison des marchands à Calais. Après le festin, il fut désassemblé et envoyé en Angleterre, et n'y perdit-on que la voiture. » François Ier donna ensuite, à son hôte royal, auprès d'Ardres, un repas d'une magnificence inouïe. Cinq pavillons de soixante pieds carrés, couverts de drap d'or frisé, et tapissés en dedans de velours bleu, semé de fleurs de lys d'or, étaient disposés pour le festin, lorsqu'un orage furieux les renversa et les emporta. Il fallut, à la hâte, construire une salle nouvelle sur un lieu qui, planté d'arbres, a pris depuis, en commémoration du fait, le nom de *Boulevart du festin*.

Les deux monarques, devenus frères d'armes, portèrent défi à *tous venants, qui fussent gentilshommes, à joutes, tournois et barrières*, remportèrent, comme bien on pense, le prix du combat. Ils éprouvèrent ensuite, l'un contre l'autre, leur force et leur adresse à la lutte. Trois fois le prince anglais essaya de donner (en termes techniques) un croc-en-jambes au roi de France; mais François se tenant sur ses gardes, réussit à conserver l'équilibre et jeta bas son adversaire, en lui faisant faire un *saut merveilleux*, d'après l'expression d'un témoin oculaire.

La magnificence presque fabuleuse de cette entrevue, dont les résultats politiques furent nuls, et les incidents qu'elle amena, fournirent longtemps matière aux conversations des châteaux. Les seigneurs du Bourg-Théroulde s'arrêtèrent à l'entrevue du *Camp du drap d'or*, ainsi désigné en souvenir des fameux pavillons détruits par l'orage, comme au sujet le plus digne d'être transmis à la postérité. Les sculpteurs eurent à reproduire le moment où les deux souverains s'étaient rencontrés entre Guines et Ardres, et de larges panneaux d'une galerie latérale furent livrés à leur talent. L'ensemble général du bas-relief, divisé en cinq tableaux, représente deux cavalcades qui, s'avançant en directions contraires, viennent se réunir dans le tableau du milieu. Chacune d'elles occupe ainsi deux tableaux et demi. Dans chaque premier tableau, des groupes de cavaliers sont figurés sortant d'une porte flanquée de tours et garnie de créneaux, de meurtrières et de canons, tandis que sur les remparts se presse une foule avide d'assister au départ. Dans les seconds tableaux, les cavaliers sont en pleine marche, et leur ordre se déploie avec régularité, sans qu'il soit encore facile de déterminer quels sont les Français et les Anglais. Enfin les deux cavalcades se rencontrent dans le tableau du milieu, et là, on reconnaît, aux fleurs de lys de France et aux archers d'Angleterre, que les Français occupent la droite et les Anglais la gauche. La hardiesse et la largeur du plan, la combinaison savante des groupes, la vérité des attitudes, la pureté des figures, la prodigieuse minutie des détails, et l'effrayante patience avec laquelle l'œuvre a été menée à sa dernière fin dans toutes ses parties, étonnent et charment l'imagination. Les armes, les costumes, les housses des chevaux, rendues avec une fidélité consciencieuse, les places assignées aux divers individus, toutes ces réalités sont pleines d'intérêt historique, et font revivre aux yeux les pompes chevaleresques du *Camp du drap d'or*.

LA ROCHELLE. — ROCHEFORT.
CHARENTE-INFÉRIEURE.

La Rochelle est le chef-lieu du département de la Charente-Inférieure. La Rochelle ne fut d'abord qu'un château appartenant aux seigneurs de Mauléon, en Poitou, sur qui Guillaume, dernier comte de Poitiers, l'usurpa. Ce fut lui qui fonda, en cet endroit, le bourg qui allait devenir la ville de La Rochelle. Cette place fut cédée aux Anglais par le traité de Brétigny, en 1368, et douze ans après elle se donna au roi Charles V. Les calvinistes s'en emparèrent en 1537 et s'y maintinrent pendant longtemps. Enfin Louis XIII la prit par famine en 1628, après un siége de trois mois. La Rochelle n'en garda pas moins sa vieille opulence; fortifiée de nouveau par Vauban, elle prit rang, grâce à sa position, parmi les premiers ports de France; après, toutefois, l'émancipation de l'Amérique, la dépossession de nos colonies de la Louisiane et du Canada, elle déchut rapidement. Flottes et armements, tout fut délaissé. Sa rade est maintenant déserte, son bassin vide; quelques expéditions pour la pêche de la morue, un faible commerce de bois du Nord, voilà toute sa vie commerciale. Aussi, ne trouve-t-on dans les rues nulle activité, nul mouvement; la vieille tour du port va crouler, et les vieux navires au radoub pourrissent dans leur chantier. De lourdes arcades pèsent sur les boutiques de ses maisons; les rues sont étroites, tortueuses, mal pavées; point de monuments qu'un lourd hôtel-de-ville, souvenir glorieux d'une autre époque, avec son escalier, d'où le brave maire Guiton haranguait la multitude, et l'encourageait à la résistance pendant le mémorable siége.

En face du port de La Rochelle, les deux îles de Ré et d'Oléron forment une immense rade, dont l'entrée est le pertuis d'Antioche.

Rochefort est un peu moins déchu que La Rochelle; on trouve dans cette ville des rues larges, bien alignées et plantées d'arbres; une belle place au centre, avec une fontaine et son inévitable naïade, couronnée de roseaux. Ses maisons basses, même avec leurs contrevents peints, lui donnent un air de village enrichi.

On sait que c'est le génie de Colbert qui fit sortir ce port des marais de la Charente; mais Rochefort a beaucoup perdu de son ancienne splendeur; la construction languit comparativement aux temps de guerre; on laisse tomber en pièces sur les chantiers ces énormes masses, vaisseaux de haut bord, l'*Ulm*, le *Duguesclin*, le *Comte d'Artois*, qui ont déjà trois fois changé de nom et subi trois baptêmes politiques. Rochefort n'a guère de remarquable que son port et son hôpital. C'est à Rochefort que Napoléon tombé trouva un dernier asile, un dernier cri d'enthousiasme. C'est sur la grève de l'île d'Aix qu'il brisa son épée, et que vint mourir sa dernière espérance.

Cette île d'Aix, située entre la terre ferme et l'île d'Oléron, importante par sa position pour la défense du port de Rochefort, a été jadis vraisemblablement unie au continent.

Elle a environ un quart de lieue de long, sur, à peu près, un demi-quart de lieue de large. On y trouve un village dont la population est d'environ deux cent quarante habitants, pour la plupart occupés à la pêche. La population de l'île ne dépasse pas quatre cent cinquante personnes.

L'île d'Aix est bien fortifiée et défendue par un château; les Anglais s'en emparèrent en 1757, et l'abandonnèrent après en avoir fait sauter les fortifications; des batteries formidables la mettent aujourd'hui à l'abri de toute nouvelle tentative.

MARSEILLE.

BOUCHES-DU-RHÔNE.

Cette ville fut fondée par une colonie de Phocéens, sous la conduite de Simos et Protis, près de six cents ans avant l'ère chrétienne. Le premier soin des Phocéens, en mettant le pied sur la côte de Provence, fut de se placer sous la protection du peuple le plus voisin; c'était la tribu des Celto-Lygiens, et Nannus en était le chef. Il accueillit amicalement la peuplade grecque, et lui permit de se fixer sur ses terres; dès lors, les Phocéens jetèrent les fondements d'une ville qu'ils nommèrent *Massilia*; ils la bâtirent dans l'endroit où elle est encore aujourd'hui. Par la constante protection de Nannus, la colonie naissante eut un accroissement rapide. Comanus, fils et successeur de ce chef, n'hérita pas de ses sentiments d'amitié pour les Marseillais; ces étrangers lui parurent de dangereux voisins; un de ses serviteurs redoubla ses alarmes par l'apologue suivant: « Une chienne pleine vint demander à un berger un lieu pour mettre bas. Elle l'obtint. Sommée bientôt de rendre la place, elle sollicita la permission d'y nourrir ses petits. Sa prière fut encore accueillie, mais quand les

Ile d'Aix, p. 79.

Marseille, p. 80.

hiens eurent grandi, la mère, aidée de leur secours, s'attribua la propriété du lieu. Ainsi, ajouta-t-il, les Marseillais, qui n'occupent aujourd'hui qu'un terrain emprunté, se rendront maîtres un jour de toute la contrée. » Comanus forma le projet de s'emparer de leur colonie. Il employa, pour y parvenir, un odieux stratagème ; mais son projet ayant été éventé, son armée fut taillée en pièces, lui-même périt dans le combat.

Dès les premiers jours de leur existence politique, les Marseillais s'appliquèrent à profiter de leur position pour le négoce et la navigation. La pêche devint pour eux un objet important ; ils cultivèrent la vigne avec succès ; ils implantèrent l'olivier dans les Gaules, avant même qu'on le connût en Italie. Tous les ports de la Grèce et de la péninsule italique leur étaient ouverts. Tout faisait de Marseille une ville maritime et commerciale. Les Carthaginois, jaloux de sa puissance, l'attaquèrent, et pendant cette longue guerre, l'importance de Marseille, loin de déchoir, augmenta. Deux de ses citoyens, Pythéas et Eutymène, accrurent sa réputation par leurs voyages de découvertes. Au troisième siècle avant Jésus-Christ, Marseille était l'Athènes des Gaules. Elle s'allia avec Rome, et s'opposa en vain à l'invasion d'Annibal. Marseille embrassa la cause de Pompée contre César ; celui-ci vainqueur, punit sévèrement la cité ; il détruisit les fortifications, les machines de guerre, se fit livrer les armes, les vaisseaux, le trésor public et la citadelle où il caserna deux légions. Marseille, privée de sa puissance, forma une république marchande, indépendante, sous la protection romaine. Au sixième siècle, les Bourguignons, les Ostrogoths et les Francs ravagèrent Marseille ; en 752, les Sarrasins la bouleversèrent de fond en comble ; tout ce qui lui restait de monuments antiques disparut.

L'an 1257, la république de Marseille dut se soumettre à l'autorité des comtes de Provence jusqu'à la mort du dernier de ces princes, Charles III, en 1481, époque où Louis XI se mit en possession de cette province ; Marseille et son territoire furent ainsi réunis à la couronne.

Les jardins, les vignobles, les maisons de campagne ou bastides, qui couvrent les environs de Marseille ; les manufactures que l'on aperçoit çà et là, annoncent l'approche d'une cité riche, populeuse et commerçante. Marseille est située au fond d'un golfe et au pied d'une colline ; son port, qui a près de 600 toises de longueur sur 160 de largeur, est un des plus importants du royaume : il peut contenir 1,200 vaisseaux. Les divers quartiers de la ville ne répondent point également à sa richesse : la partie haute, au nord du port, est mal bâtie ;

mais celle qui s'étend à l'est et au sud, est d'une grande beauté. On remarque, à Marseille, le grand théâtre, la bourse, l'arsenal, la nouvelle halle soutenue par 32 colonnes, l'hôtel-de-ville, construit par Pujet, la colonne érigée en mémoire des secours obtenus du pape pendant la peste de 1720, le cabinet d'histoire naturelle, l'hôtel des monnaies, la belle place Royale, la rue de la Cannebière et le Cours. Elle a des écoles de dessin, de musique, d'hydrographie et de médecine ; des amphithéâtres, où l'on enseigne gratuitement la chimie, la mécanique appliquée aux arts et la géométrie ; une institution des sourds-muets ; cinq hôpitaux ; des associations philanthropiques, un bel observatoire, un jardin botanique de naturalisation, un musée de tableaux et d'antiquités, une bibliothèque publique, et plusieurs sociétés savantes. Elle a donné le jour au navigateur Pythéas, au poète Pétrone, au prédicateur Mascaron et au grammairien Dumarsais. Les plus belles rues sont celles d'Aix et celle de Rome ; cette dernière est celle que l'on suit pour se rendre à Toulon.

NARBONNE.

AUDE.

Narbonne, situé au bord du canal de la Robine, qui, par l'étang de Sigean, communique avec la Méditerranée, est le *Narbo* des Romains : plusieurs monuments l'attestent. Dans l'antiquité, elle était connue, comme aujourd'hui, par son excellent miel ; elle a donné le jour à Varron, à Fronton et au savant bénédictin Moritauron. On peut seulement juger de son ancienne splendeur par l'immensité de tronçons de colonnes, de statues, d'inscriptions, de marbres de toute espèce qu'on y a trouvés. Ces débris réunis, il y a trois siècles, ont été placés autour des murs de la ville. Les inscriptions sont placées sur les murs, les bas-reliefs auprès des portes et sous leurs voûtes. Un nombre considérable de morceaux sont tellement brisés qu'ils n'offrent plus qu'un amas de jambes, de têtes, de mains et des mots sans aucun sens ; cependant il reste encore divers fragments assez grands pour être dessinés et étudiés, et à peu près mille inscriptions assez bien conservées pour être lues avec intérêt. Narbonne est la seule ville au monde dont l'enceinte offre une aussi riche décoration. On y voit des bacchantes, des génies, des trophées, des chapiteaux

Tour Narbonne p. 82.

et divers objets inconnus. On remarque sur la porte de la confrérie des pénitents, un entablement de marbre, enrichi d'une très belle sculpture; deux aigles tiennent à leur bec un rameau de chêne, au milieu est la foudre couverte de la dépouille d'une victime. Cette pierre faisait partie de la frise d'un temple élevé par Auguste à Jupiter tonnant, pour remercier ce dieu de l'avoir préservé de la foudre qui tua, près de la litière de l'empereur, le chef de ses gardes.

Le commerce de Narbonne était autrefois très florissant; son port, le plus ancien du Languedoc, était, au temps de Strabon, l'arsenal maritime des *Arecomici*; et devint, au cinquième siècle, le rendez-vous des marchands de l'Egypte et de l'Afrique; le commerce s'y soutint sous la domination des Wisigoths, des Sarrasins, et sous les rois de France, jusqu'au treizième siècle. Vers la fin de ce siècle, le commerce de Narbonne commence à décliner, et l'antique métropole de la Narbonnaise n'a plus qu'un pâle reflet de sa vieille prospérité commerciale.

La ville de Narbonne est située à deux lieues de la mer, dans une plaine entourée de montagnes, sur la route de Paris en Espagne, et à l'embranchement de Montpellier à Toulouse. L'intérieur est peu considérable, les maisons mal bâties, les rues disposées sans ordre, sans grâce, et mal percées. Le canal de la Robine divise la ville en deux parties, désignées sous le nom de Cité et de Bourg. L'esplanade, ou Plan-des-Barques, placée au centre, offre une promenade agréable.

La cathédrale de Narbonne est un monument très remarquable par la pureté du style, la richesse, la profusion des ornements, la multiplicité et le luxe des vitraux; le chœur surtout est justement admiré, à cause de la hardiesse des voûtes qui ont plus de 120 pieds d'élévation. Cette église fut incendiée au commencement du cinquième siècle; un évêque, nommé Rustique, la fit rebâtir en 441. Charlemagne ordonna sa reconstruction sur un plan plus vaste, mais moins solide, puisqu'elle tomba en ruines du temps de saint Louis. Le pape Clément IV, qui avait été archevêque de Narbonne, jeta les fondements d'une nouvelle basilique, le 3 avril 1272; la première pierre fut envoyée de Rome, toute bénite. La construction du chœur, celle des chapelles, et les deux grandes tours ne furent achevées qu'en 1332; la nef ne fut point bâtie. L'édifice resta ainsi imparfait jusqu'au commencement du dix-septième siècle, époque où l'archevêque résolut de le continuer; l'argent manqua, et les travaux n'ont jamais été repris. L'intérieur renferme de précieux tombeaux.

Le palais de l'archevêché à Narbonne, ressemble à une forteresse; il est appuyé sur une grande tour de forme carrée, construite dans le moyen-âge; bâtie au centre de la ville, cette tour domine tous les autres édifices. C'est dans ce palais que Louis XIII signa l'ordre de livrer Cinq-Mars et de Thou au jugement d'une commission.

Narbonne est, après Carcassonne, la ville la plus peuplée du département de l'Aude : elle renferme 10,246 habitants.

GIEN.

LOIRET.

Gien, petite ville du département du Loiret, avait anciennement le titre de comté; la première charte où il en est fait mention est un acte de Pépin-le-Bref, en 760. Vers la fin du huitième siècle, Charlemagne y fit bâtir un château qui devint la propriété d'Étienne de Vermandois; ce beau château existe encore de nos jours; il est devenu le siége de tous les établissements publics de l'arrondissement, de la mairie, du tribunal de première instance et de la sous-préfecture dont Gien est le chef-lieu. C'est dans ce château que furent célébrées, en 1410, les noces de la fille de Jean-sans-Peur, duc de Bourgogne, avec le comte de Guise; dix ans plus tard, on y signait le traité, connu sous le nom de *Ligue de Gien*, contre le duc de Bourgogne, qui avait fait assassiner le duc d'Orléans. Charles VII, François Ier, Louis XIV, ont tour à tour habité le château de Gien. La ville s'élève sur la rive droite de la Loire, et le seul monument un peu remarquable après son château, c'est le pont sur lequel on passe pour se rendre dans ses murs. En 1494, l'enceinte de la ville de Gien fut réparée et agrandie par Anne de France, régente du royaume.

Le duc d'Orléans, le futur Louis XII, ayant pris les armes pour réclamer dans les affaires la part qu'il croyait due à son rang, fut vaincu et fait prisonnier. La régente Anne de France le retint captif, pendant plus de deux ans, dans la grosse tour de Bourges et à Gien; elle refusa constamment sa liberté aux sollicitations des grands de l'État; ce fut Charles VIII qui alla lui-même le tirer de prison, et qui n'eut jamais à se repentir de cet acte de générosité. Depuis cette époque, Anne perdit le crédit qu'elle avait à la cour; elle se retira à Gien et y vécut sans éprouver aucune violence.

de Gien, p. 84.

POITIERS.

VIENNE.

Poitiers existait avant César. C'était la capitale d'un petit peuple gaulois appelé *Pictones* ou *Pictavie*.

« Le Poitou, dit un auteur, s'appelait Pictavia, à cause qu'il a été mis en peinture et enrichi d'arbres, blés, vignes, fontaines, rivières, bois, bocages et pâturages. »

La cité de Poitiers fut appelée *Pictavis, ab ave picta*, parce qu'elle fut édifiée au lieu où l'on avait trouvé un oiseau peint. Cette dénomination n'est que conjecturale.

La ville de Poitiers est bâtie sur une colline escarpée, environnée de rochers circonscrits par deux vallons, au milieu desquels coulent le Clain et la Boivre, qui se réunissent au-dessous de cette cité, et l'entourent presque en entier.

Le confluent de ces deux rivières, la jolie promenade de Pont-Guillon, les vieilles tours, débris imposants d'un château gothique dont cette promenade a pris la place, la pureté des eaux, les belles allées des boulevarts qu'elles baignent, le bâtiment de l'abbaye de Moutierneuf qui s'élève derrière ce tableau, tout cet ensemble forme une perspective des plus gracieuses.

Poitiers est une des grandes villes de France, mais elle n'est pas peuplée en raison de son étendue; elle est ceinte de murailles antiques, flanquée de tours de distance en distance, et généralement mal bâtie; les rues sont, pour la plupart, étroites, excessivement escarpées et pénibles à parcourir, tant par la rapidité des pentes que par la mauvaise nature des pavés; l'intérieur n'offre qu'un immense amas de maisons sans goût, sans architecture, séparées, dans quelques endroits, par de vastes jardins, et même par des terres labourables.

Ce pays, envahi par les Sarrasins et les Normands, théâtre de longues guerres contre les Anglais, et que le fanatisme religieux a tant de fois ensanglanté, a dû être souvent ravagé; cependant on y trouve encore quelques monuments.

On montre à Poitiers les débris de trois aqueducs construits avec toute la solidité que les Romains donnaient à leurs ouvrages, et les ruines d'un amphithéâtre dont il ne reste plus qu'un petit nombre d'arcades engagées dans des constructions modernes.

La porte du Pont-Joubert, la seule existante des six par où l'on pénétrait dans la vaste enceinte de l'ancienne Pictavia, en était la principale entrée.

On attribue à Guillaume VII, comte du Poitou, la construction d'une tour voisine de cette porte, bâtie en 1106, afin d'ajouter à ses moyens de défense; elle formait l'extrémité du pont qui communiquait de la rue principale à la rive opposée du Clain.

Ce qui est très-curieux à Poitiers, ce sont les édifices religieux, sa cathédrale, un des plus beaux monuments gothiques de France, dont la fondation remonte aux premiers siècles de l'ère chrétienne, suivant son évêque saint Hilaire. Là, on trouve le grandiose de l'art par l'étendue, la hardiesse, la sévérité du style.

Poitiers rappelle de grands souvenirs; ce nom est surtout célèbre dans notre histoire par deux batailles, dont l'une fut une grande victoire, et l'autre une grande défaite.

Charles Martel détruisit les hordes sarrasines en 732; et, en 1356, le roi Jean, fait prisonnier, abaissa son gonfanon devant les archers du prince Noir.

Les historiens arabes ont écrit que les Sarrasins furent dispersés par Charles Martel aux environs de Tours, et non à Poitiers; mais la plupart des chroniques françaises, notamment celle de l'abbaye de Moissac, rédigée à l'époque même de l'évènement, affirment que le combat eut lieu près de Poitiers, et même dans un de ses faubourgs.

On sait que les Musulmans, maîtres depuis l'an 710 de l'Espagne, l'ancienne terre des Wisigoths, avaient formé le projet de subjuguer les Francs. En l'année 732, Abdérame passa les Pyrénées à la tête de forces formidables, et, après avoir vaincu le duc d'Aquitaine, il se présenta devant Poitiers, où se trouvait Charles Martel avec ses carrés de lances et d'arbalètes.

Ce furent les Sarrasins qui commencèrent l'action; ils cherchèrent en vain, par la légèreté de leurs mouvements, à mettre le désordre dans les rangs des chrétiens; mais ceux-ci, pesamment armés, et, suivant l'expression d'un contemporain, semblables à un mur ou à une glace qu'aucun effort ne peut rompre, virent se briser devant eux les attaques les plus impétueuses.

Tout-à-coup un détachement, conduit par le duc d'Aquitaine, envahit le camp des Sarrasins; ceux-ci courent à sa défense, et, à ce moment, un trait habilement dirigé renverse mort Abdérame, leur chef; un désordre effroyable se mit parmi eux; la plus grande partie resta sur le champ de bataille, tandis que le peu qui survécut reprit en toute hâte le chemin des Pyrénées.

Le lendemain Charles Martel distribua à ses soldats les richesses immenses que les Sarrasins avaient abandonnées; il repassa la Loire, fier de l'éclatant triomphe qu'il venait de remporter, et joignit à son nom de Charles, déjà illustré par tant de victoires, titre de Martel ou Marteau, parce que, suivant la chronique de Saint Denis : « Comme li martiau débrise et froisse le fer et l'acier et tous les autres métaux, aussi froissait-il et brisait-il par la bataille tous ses ennemis et toutes autres nations. »

Les champs de Poitiers, témoins de tant de vaillance, virent, six siècles plus tard, la terrible défaite où la chevalerie de France succomba.

Toute la fleur des gentilshommes fut moissonnée : la plupart se montrèrent lâches, et les bataillons de lances les plus épaisses prirent la fuite devant les archers anglais.

Les fils du roi, à l'exception de Philippe, le plus jeune, à peine âgé de 13 ans, firent bien triste mine ; lorsqu'ils aperçurent la bannière du prince de Galles, « ils se partirent, dit Froissard, en ayant avec plus de huit cents lances saines et entières. »

Le roi Jean, seul, déploya un grand courage : il allait au-devant de tous, une hache d'armes à la main. Il y avait presse autour de lui, et on lui criait : « Rendez-vous, rendez-vous. »

Le roi combattait toujours, lorsqu'un chevalier fend la foule, l'approche, lui disant en bon français : « Sire, sire, donnez-vous à moi. — Où est mon cousin le prince de Galles ? s'écria le roi Jean ; si je le voyais, je lui parlerais. — Sire, répondit le chevalier, il n'est pas ici ; mais rendez-vous à moi, et vous y conduirai : je suis Denis de Morbèque, chevalier d'Artois, servant du roi d'Angleterre, car je ne puis demeurer au royaume de France ; j'ai forfait. » Et le pauvre roi Jean se rendit au chevalier. Il y avait toujours presse, et chacun s'écriait : « Je l'ai pris, je l'ai pris ! » afin d'avoir l'honneur et récompense ; et Jean, presque étouffé, disait : « Seigneurs, seigneurs, menez-moi courtoisement devers le prince mon cousin, je suis assez grand pour faire riche chacun de vous. »

Ce fut une triste journée que cette bataille de Poitiers ; presque toute la noblesse de France fut dispersée ; il y eut dix-sept comtes de pris, sans compter les barons et les chevaliers, « et y furent morts entre cinq cents et sept cents hommes d'armes, et bien six mille hommes des communes. »

PROVINS.

SEINE-ET-MARNE.

Provins, ex-capitale de la Brie, est vieille ville de France, de fondation romaine, résidence de ces nobles comtes qui, sous le nom héréditaire de Thibaut, furent tour-à-tour braves chevaliers, poètes spirituels, fondateurs de villes, de foires et de monastères, ce qui est beaucoup faire. Heureux à qui il est donné d'opérer des œuvres durables!

Les Thibaut fondèrent donc la foire de Provins, où l'on se rendait de tous les points de la France; foire tenue en un lieu entouré de murailles, car il fallait préserver les marchands contre les pilleries et le brigandage de seigneurs féodaux.

C'est à Provins, répétons-nous, que les comtes de Champagne avaient fixé leur résidence; c'est là que naquit et vécut ce Thibaut, amoureux de la reine Blanche, et qui fut accusé d'avoir fait empoisonner le roi Louis VIII, son suzerain, à la suite d'une violente discussion.

Aussi, lors du sacre du jeune Louis IX, Thibaut ne parut point à l'église; car il aurait eu à combattre en champ clos tous les sires bavards et indiscrets.

Dans la ligue des grands vassaux contre la régence de la reine Blanche, les barons firent tout leur possible pour attirer à eux Thibaut, car c'était un homme d'armes : ils seraient même parvenus à l'entraîner, lorsque la reine qui connaissait tout son ascendant d'amour sur le cœur de Thibaut, alla le trouver : « A la nuit venue dans un petit castel où il gisait toujours épris. » Elle le regarda si tendrement, que le comte s'écria : « Par ma foi, Madame, mon cœur et ma terre sont à votre commandement; il n'est rien qui vous pût plaire que en fisse volontiers; et jamais s'il plaît à Dieu, m'unirai contre vous et les vôtres.

De là, le pauvre comte repartit tout pensif, et lui venait souvent à sa remembrance, le doux regard de la reine et sa belle contenance : lors entrait dans son cœur la douceur amoureuse.

Ainsi Thibaut se sépara de ses nobles compagnons. Ceux-ci voulurent s'en venger : ils disaient : « Ce traître de comte nous délaisse et nous abandonne déloyalement, or, envahissons ses

Château de Poitiers, p. 85.

Porte de Pravins, p. 88.

terres. Le roi s'y opposa : « Si vous ne cessez de troubler Thibaut, écrivit-il, nous mènerons nos batailles pour le défendre. »—«Sire roi, répondaient les barons, laissez-nous aller contre le Champenois. Nous marcherons avec trois cents chevaux moins que lui en aura. — Jamais, répliqua le jeune Louis, inspiré par sa mère; jamais n'entendrai ni ne souffrirai qu'on dépouille Thibaut. »

Cette grande amitié dura peu. Deux années plus tard, le sire Thibaut avait vu s'accroître ses domaines ; il venait d'hériter par son oncle, du royaume de Navarre et de quatre cent mille livres d'argent.

Ainsi parvenu à la royauté et au plus haut degré de richesses, il conçut de nouveau la pensée d'une alliance féodale contre les droits importants de la suzeraineté.

Le roi en fut informé, et son armée était prête à envahir la Champagne, lorsque le roi de Navarre fit toutes soumissions et renouvela ses hommages. Le pape l'avait pris sous sa protection ; car, noble pèlerin, il s'était revêtu de la croix pour combattre les infidèles, et, dans une pieuse chanson, il avait prêché la croisade.

Thibaut vint donc à la cour de Louis pour revoir sa dame ; mais d'anciennes haines s'étaient accrues contre lui ; les frères du roi ne l'aimaient pas, ils soupçonnaient l'adultère de leur mère, si bien qu'un jour le comte Robert fit saisir Thibaut par des goujats et varlets qui l'attachèrent sur un mauvais roussin, à la queue coupée, signe de vilenie; puis ils le couvrirent de haillons, et lui appliquèrent un masque de fromage mou à la figure. Thibaut ressentit profondément cette offense, il demandait champ clos et combat à outrance, mais la reine Blanche lui ordonna de quitter Vincennes, et le roi de Navarre obéit aux ordres de sa dame en psalmodiant un couplet de sa façon :

> Amour le veut, et ma dame m'en prie,
> Que je m'en pars, et beaucoup la mercie,
> Quand par le gré, ma dame m'en châtie,
> Meilleure raison n'y voie en ma partie.

On montrait encore à Provins, il y a quelques années, des vers qu'on attribuait au comte Thibaut, peints sur les vitraux d'une église ; à cette époque, plusieurs de ces vitraux servaient de calepin pour déposer les douces pensées d'amour.

Quant le comté de Champagne fut réuni à la couronne, Provins devint une ville du domaine royal. Depuis elle n'en a jamais été séparée ; néanmoins sous les Guise, la ville se montra fortement ligueuse, elle embrassa l'opinion catholique, et fut assiégée par Henri IV, en 1592 ; elle fit une opiniâtre résistance pendant trois jours.

Les antiquités de Provins ont subi les ravages du temps et de la guerre ; quelques unes néanmoins se sont parfaitement conservées : tel est l'édifice vulgairement nommé la Tour de César, qui ne nous paraît pas à nous de construction romaine.

SENS.

YONNE.

Sens s'appelait *Agendicum Senonum*, quand cette ville était la capitale des Senonais. On compte cette métropole comme l'une des plus anciennes cités des Gaules. Elle devint, après la conquête de Romains, la capitale de la quatrième Lyonnaise, et prit dans la suite le nom de Galli-Senones, du nom des peuples qui l'habitaient autrefois. Ce sont ces peuples qui, longtemps avant le Christ, allèrent s'établir en Italie, fondèrent Sienne et prirent Rome sous la conduite de Brennus, et s'étendirent même dans la Grèce.

Le Senonais, soumis par César, demeura sujet de Rome, comme le reste des Gaules, jusqu'à la conquête de Clovis. Sous la fin de la seconde race de nos rois, Sens fut soumis à des comtes particuliers, révocables d'abord, mais qui, plus tard, se proclamèrent souverains. Le roi Robert, en 1005, leur enleva leur domination, et la ville fut réunie à la couronne de France.

Parmi ses monuments antiques, on remarque d'abord la porte de Notre-Dame, antérieure au XIVe siècle ; porte compacte et gothique qui a toutes les formes d'une fortification. Elle est digne de prendre rang parmi les vieilles murailles dont Sens est en partie environné, et parmi ses arcades qui sont faites sur le modèle des constructions romaines.

On remarque aussi, dans les environs de Sens, des débris de voies antiques qui conduisaient à plusieurs des cités voisines.

Outre la porte de Notre-Dame, Sens en possède huit autres, dont deux, celle de Saint-Antoine et celle de Saint-Remy, sont à peu près de la même date que celle dont nous venons de dire un mot.

La ville de Sens, située sur la pente d'une colline, à l'est de la rivière de l'Yonne, qui arrose ses murs, n'était point entourée de fossés en 1348.

Charles V, encore dauphin, craignant que les Anglais ne s'en emparassent, ordonna aux habitants de l'en environner ; ils les

Porte de Sens, p. 90.

Porte d'Amiens, p. 91.

creusèrent avec la plus grande rapidité et déployèrent en cette occasion un zèle vraiment patriotique.

Les eaux de l'Yonne et de la Vanne y coulaient.

Plus tard, ces fossés furent comblés.

Ils ont maintenant disparu et sont remplacés par des promenades ombragées.

En 1531, dans l'intérêt de la propreté de la ville et pour la préserver des incendies, on fit circuler les eaux de la Vanne dans les rues; elles coulent encore dans les principales dont elles entretiennent le nettoyage.

Sens s'était déclaré pour la Ligue. Henri IV l'assiéga en 1590. Après trois assauts sans résultat pour ses armes, ce roi fut contraint de lever le siège ; mais, quatre ans après cette tentative, il prit possession de la cité.

Sens est une ville assez agréable ; elle a peu de monuments ; son église métropolitaine est seule digne de l'attention des voyageurs et des amis des arts.

Plusieurs conciles se sont tenus dans la ville de Sens; c'est dans une de ces assemblées que Saint-Bernard fit condamner Abeilard comme hérétique; que cette ville fut le refuge du pape Alexandr- III, qui y séjourna deux ans, et le lieu de retraite du fameux Thomas Beket, fougueux archevêque de Canterbury.

AMIENS.

SOMME.

La porte appelée de Montreuil, à Amiens, est un monument d'un très-grand intérêt historique, parce qu'il rappelle tout ce que déploient d'énergie et de courage des citoyens qui s'arment pour la défense de leur ville.

Cette porte, enclavée depuis long-temps dans la citadelle et remplacée aujourd'hui par une autre du nom de Saint-Pierre, fut, sous le règne de Henri IV, le théâtre d'un événement tout à la fois curieux et important. Voici de ce fait l'analyse succinte et exacte.

A l'époque des dissensions intestines qui mettaient la France en bouleversement, en l'épuisant d'hommes et d'argent, les Espagnols, profitant de la guerre civile, avaient débordé sur nos frontières du nord en 1597, et avaient pris Dourlens, Ardres et Calais.

Henri IV avait alors proposé aux habitants de la ville d'Amiens, de leur expédier un renfort de troupes pour protéger leur cité contre l'invasion progressive de l'ennemi. Les Amiénois, témérairement confiants dans leurs forces, et croyant qu'ils l'emporteraient sans aide contre les Espagnols, comme ils l'avaient emporté dans les troubles de la Ligue, refusèrent avec hauteur et présomption les secours de Henri IV.

Porto-Carrero commandait, au nom de l'Espagne, le poste de Dourlens. Cet homme, plein d'audace et fertile en expédients, s'était épris d'un amour des plus passionnés pour une Amiénoise. Cette dame lui avait déclaré qu'elle n'épouserait jamais le sujet d'un roi auquel sa ville n'obéirait pas.

Il fallait donc, pour l'obtenir, ou que Carrero abandonnât ses drapeaux, ou qu'il rendît Amiens espagnole en s'en emparant. Comme une attaque à force ouverte ne lui semblait pas devoir être couronnée de succès, il usa de ruse. A la faveur des irrégularités et des négligences d'un service exécuté par la milice amiénoise, il augurait des chances de succès.

Pendant la nuit, les Amiénois gardaient très-bien leurs portes et leurs remparts ; mais, dès l'aube du jour, leur vigilance se relâchait pour les affaires.

Carrero devina, dans ce défaut de surveillance, l'occasion d'une entreprise hardie.

Il rassembla donc quelques troupes d'élite et marcha de nuit sur Amiens.

Arrivé près de la porte de Montreuil, il mit ses soldats aussi près que possible des murailles, et de manière à ce qu'on ne se doutât point de leur présence ; puis, vingt de ses hommes, sur la valeur desquels il pouvait compter, déguisés en paysans, portant des hottes remplies de pommes et de noix, et conduisant une voiture chargée de bois et de fascines sous une couche de paille, se tenaient prêts à s'avancer vers la porte, dès qu'un éclaireur grimpé sur un arbre leur en annoncerait l'ouverture.

Au signal donné, les soldats-paysans s'approchèrent nonchalamment, sans observer de rang, comme un groupe de gens qui vont au marché.

Les gardes amiénois, chargés de veiller sur la porte de Montreuil, étaient dans la confusion d'une garde descendante : les uns dormaient, d'autres jouaient ; ceux-ci buvaient au cabaret voisin, ceux-là erraient à l'aventure. Dans ce désordre, ces faux paysans n'eurent pas grand'peine à entrer.

Ils placèrent leur voiture de fascines à un endroit de la porte, où il n'était plus facile de lever le pont-levis ni d'abaisser la herse. Un Espagnol, dans cette occurrence, laissa tomber sa hotte, comme par accident, et répandit ses pommes et ses noix devant le corps-de-garde.

Les soldats aussitôt, de ramasser les fruits en raillant le paysan de sa maladresse ; mais, tandis qu'ils s'appliquaient à cette capture, les traits de la voiture furent coupés.

Un coup de pistolet, pour appeler les soldats embusqués, fut tiré, et les Espagnols saisissant leurs armes cachées sous leurs habillements, se jetèrent sur les Amiénois. L'égorgement du poste alors commença.

Deux soldats coururent en vain pour abaisser la herse de la porte ; la voiture leur opposait obstacle, la herse ne put descendre. En un instant les Espagnols furent maîtres de l'entrée de la ville.

Le tumulte éveilla les bourgeois du quartier voisin. On s'arma à la hâte et l'on se dirigea vers le théâtre du combat. Mais les Amiénois eurent à peine regagné un peu de terrain, que de nouveaux renforts arrivèrent à l'ennemi pour rendre la défense inutile.

Enfin, des cuirassiers espagnols survinrent encore pour augmenter le péril des Amiénois, déjà découragés par la mise hors du combat d'une centaine des leurs. Ils prirent la fuite, laissant la porte à Carrero, qui avait pour lui le mayeur d'Amiens. Celui-ci empêchant le tocsin de sonner à temps, fut cause que le reste de la ville ne prit pas part à la défense. Déjà les Espagnols étaient maîtres des places et des rues, quand la cloche d'alarme appelait les citoyens sous les armes.

Lorsque la nouvelle de ce désastreux évènement, dont les suites pouvaient être si funestes, arriva à Paris, on dansait à la cour. *Ce coup est du ciel !* s'écria Henri IV. *Ces pauvres gens, pour avoir refusé une petite garnison que je leur voulais bailler, se sont perdus... C'est assez faire le roi de France,* ajouta le roi après quelques minutes ; *il est temps de refaire le roi de Navarre.*

En effet, six mois après leur victoire, les Espagnols perdirent Amiens. Henri IV, secondé par le maréchal de Biron, assiégea les Espagnols qui ne purent garder leur prise malgré leurs efforts multipliés.

C'est ce maréchal qu'une coupable trahison envers le roi et la patrie mena sur l'échafaud quelques années après le triomphe que nous venons de mentionner.

NEVERS.

NIÈVRE.

La fondation de Nevers date des temps les plus reculés, car César en parle dans ses Commentaires, et lui donne le nom de *Nivedunum*. Il paraît qu'au moment de la conquête des Gaules par les armées romaines, Nevers était déjà considérée comme une ville de grande importance, puisque le conquérant des Gaules, partant pour une expédition, témoigna assez de sa valeur en y laissant les objets les plus précieux de ses victoires.

On sait que l'histoire des Gaules est très-obscure pendant tout le temps que le pays fut occupé par les Romains et pendant les premiers siècles de la monarchie française. Aussi ne trouve-t-on pas de monuments historiques qui constatent les évènements passés dans les villes gouvernées par les Romains pendant quatre ou cinq siècles.

C'est seulement à partir de 865, qu'il est de nouveau fait mention de Nevers. A cette époque, cette ville aurait été érigée en comté et aurait pris le nom de Nivernais.

Charles-le-Chauve fit cadeau de ce comté à Robert-le-Fort, regardé par les historiens comme le chef de la branche des Capétiens.

Nevers, devenant de jour en jour une ville plus florissante, fut, par lettres-patentes de François Ier, constituée en duché-pairie, dans le cours de l'année 1538.

Cette ville jouit d'une position charmante, et tous ses environs sont d'un aspect pittoresque. Elle est placée sur la Loire, près de l'endroit où la Nièvre se jette dans ce fleuve, et non loin du confluent de celui-ci avec la rivière de l'Allier. Ces rivières, serpentant dans les campagnes voisines, rendent l'horizon des plus agréables.

Il est à regretter que la construction de Nevers ne réponde pas à la beauté de son site. Les rues, pour la plupart, sont étroites, sombres, et ne manifestent aucune idée du système d'alignement si utile à la salubrité et à la sûreté publique. Cependant, au centre, il y a une place vaste et assez régulièrement construite. L'ancien château des ducs de Nevers s'élève sur un des côtés de cette place.

Ce château bâti, dit-on, par les princes de Clèves, et qui, plus tard, servit de théâtre aux fêtes splendides données par la belle

Porte de Nevers, p. 94

princesse Marie, ne retentit plus aujourd'hui, au lieu de concerts et de danses, que des tristes débats de la justice, car il est occupé par les tribunaux.

Nevers doit son affranchissement et son érection en commune à Pierre de Courtenay. La charte qui lui fait concession de ces privilèges date de 1194, époque où peu de villes en jouissaient. Nevers, par conséquent, est une des plus anciennes villes municipales de France.

En feuilletant les archives de Nevers, on remarque que Guy II, comte de Nevers, augmenta ses franchises par une nouvelle charte solennellement octroyée. Elle fut signée par Guy II et quinze barons, appelés comme témoins et garants.

Les archevêques de Lyon, de Sens, et les évêques d'Auxerre, d'Autun et de Langres, vinrent après y apposer leur signature, comme caution de cette nouvelle faveur. Puis, le pape Innocent IV confirma cette charte par une bulle; et enfin, par lettres patentes, le roi Jean en approuva toutes les dispositions.

Nevers resta longtemps place forte, car ses murailles existent encore. Malgré leur dégradation, on peut voir avec quel soin elles furent élevées. Elles avaient des proportions colossales et une épaisseur proportionnée à leur hauteur, que fortifiaient, d'intervalle en intervalle, des remparts de terre sur lesquels elles s'appuyaient. Pendant le XVe siècle, l'élévation d'énormes tours casematées et couronnées de créneaux, vint encore augmenter ces moyens de défense. Ces tours, de forme ronde, sont aujourd'hui converties en habitations.

Nevers était divisé autrefois en cinq quartiers, ayant chacun une porte.

La premier quartier s'appelait le quartier de la Nièvre; le second, de la Barre; le troisième, de la Loire; le quatrième, des Croux, et le cinquième, des Artilliers.

Mais les portes de ces quartiers n'avaient pas toutes le même nom que le quartier lui-même; car une d'elles s'appelait Saint-Nicolas. Elles furent toutes construites en même temps que la nouvelle enceinte, c'est-à-dire au XIIe siècle, par l'ordre de Pierre de Courtenay, dont il est dit un mot plus haut.

La porte des Croux, reconstruite en 1393, est la seule de ces cinq portes qui reste encore debout. Sa construction compacte, représentant une grande tour carrée, démontre assez quelle était la forme des autres, qui, sans doute, étaient également flanquées de deux tourelles et munies d'un boulevart en avant.

Nous terminerons cette courte notice en disant que, pour faire de Nevers une ville de guerre redoutable, rien ne fut épargné ni soin, ni dépenses, ni choix de matériaux. Et, qu'aux endroits où la Loire et la Nièvre ne baignaient pas les murailles de la cité, celles-ci étaient environnées d'une large ceinture de fossés profonds. Tout en un mot, dans Nevers, annonçait que ses maîtres se tenaient sur une grande défensive.

CHARTRES.

EURE-ET-LOIR.

Les amateurs de l'antique ont de quoi contenter leur goût à Chartres. Cette ville est située sur la croupe d'une montagne dont la base est arrosée par l'Eure. Au milieu de gracieux alentours, elle est défendue par des fortifications surchargées d'années, et construites avec une solidité telle, que longtemps avant l'invention de la poudre et du canon, ces remparts étaient réputés inexpugnables; et que, même à l'époque où l'artillerie commençait à battre les places efficacement (nous parlons de l'année 1591), Henri IV assiégeait Chartres, mais sans résultat.

Ces fortifications consistaient en une enceinte de murailles fort élevées et flanquées d'énormes tours.

Chartres compte sept portes, dont la plus remarquable a pris le nom de Guillaume, vidame de la ville, qui administrait quand cette porte fut fondée.

A droite et à gauche s'élèvent deux tours, qu'une courtine réunit, et sur lesquelles longe une galerie saillante de créneaux; ornements indispensables des places fortifiées selon la manière des anciens.

Sous la voûte en ogive, on remarque encore aujourd'hui la coulisse, la herse et l'ouverture qui donnait passage à l'instrument terrible appelé *assommoir*, ainsi que les ouvertures par où passaient les flèches du pont-levis. A côté de la porte Guillaume est une autre petite porte, ou plutôt un guichet, destiné aux rondes de nuit.

Autrefois, les murailles de la ville de Chartres n'avoisinaient pas les maisons. Il y avait entre elles et celles-ci un grand espace occupé par des jardins, des places, des bois et des champs. Peu à peu ces emplacements ont été envahis par des édifices, des églises et des couvents. Cet envahissement a cessé, car Chartres élève peu de maisons nouvelles.

Si nous pénétrions dans l'enceinte de Chartres, il nous faudrait

Porte Guillaume, à Chartres, p. 96.

Porte du Crest, p. 97.

Porte de Cambrai, p. 99.

parler de ses monuments religieux qui sont ce qu'il y a de plus remarquable, surtout sa cathédrale, l'une des plus grandioses de l'architecture gothique. Mais ce n'est pas l'objet de cet article, et nous nous arrêtons à la porte Guillaume et aux murailles-remparts dont elle dépend.

Chartres fut prise par les Anglais sous Charles VI, et reprise par Dunois en 1432. Les Calvinistes l'assiégèrent vainement, en 568. Henri IV s'en empara en 1591, et y fut sacré en 1593.

Elle était autrefois la capitale des Carnutes ; elle fut depuis la ville principale de la Beauce, et eut des comtes particuliers dès le xe siècle. Ces comtes possédaient en outre les comtés de Blois et de Champagne. Elle appartint ensuite à la maison de Châtillon, qui la vendit à Philippe-le-Bel. Celui-ci la revendit à son frère, Philippe de Valois, qui la réunit à la couronne en montant sur le trône. François Ier l'aliéna de nouveau, et Louis XIII la racheta en 1623.

Le comté de Chartres fut après érigé, par Louis XIV, en duché, et donné à la maison d'Orléans. Il devint alors l'apanage du fils aîné de cette maison, ce qui dura jusqu'en 1830.

CREST.

PUY-DE-DÔME.

La ville de Crest est une de ces petites villes d'une population de cinq mille ames, qui sont çà et là semées sur le territoire de France.

Bâtie sur la rive droite de la Drôme, elle eut pour nom primitif *Crista Arnaudi*, provenant sans doute de quelque seigneur, qui avait nom Arnaud.

Dès l'abord, ce n'était qu'un fort appartenant aux comtes de Valentinois, qui, pendant plusieurs siècles, eurent leurs tombeaux dans un couvent de l'endroit. Une vieille inscription constate qu'en 1188, il fut accordé à Crest, par le comte Aymar de Poitiers, certaines libertés et certaines franchises.

Cet Aymar est le chef de la seconde race des comtes de Valentinois.

Au XIIe siècle, Aymar étant venu, accompagné de plusieurs gens, à Montélimart, fut sollicité par la comtesse de Marsanne, de la protéger contre les évêques de Valence et de Die, qui lui faisaient forte guerre.

A l'époque dont nous parlons, rien n'était plus ordinaire de voir des prélats livrer bataille. La comtesse fut secourue.

« Icelui Aymar, dit une vieille chronique, lui donna très-grand secours, et conquit plusieurs châteaux et villes aux pays de Valentinois. Et pour récompenser les services que le dit Poitiers lui avait faits, elle offrit donner la moitié de toute sa terre, ou qu'il lui plût la prendre toute entière, en prenant aussi à femme une sienne fille qu'elle avait seulement ; laquelle fille il prit par mariage, et fut seigneur de toute la terre. »

Ce qui sert de maison de correction à la ville de Crest, est un monument d'architecture distingué par sa forme, son élévation, sa solidité, sa hardiesse ; on l'appelle tour de Crest, jadis prison d'État.

Cette tour est un noble débris du château qui dominait la petite cité et le passage de la Drôme.

Cette même tour a été assiégée en vain, à différentes reprises, par les comtes de Montfort, au moment de la guerre des Albigeois.

Nous passons sous silence, comme étant de peu d'intérêt, les détails des guerres subies par Crest, en résistant aux efforts des croisés, qui brisaient leurs lances sous les murs formidables du château.

Voici une autre histoire plus digne de piquer l'attention du lecteur : c'est ce qu'on rapporte de la bergère de Crest, connue sous le nom d'Isabeau Vincent.

Née en 1670, dans les principes de la religion protestante, la bergère de Crest fut conduite, conformément aux édits, à l'église catholique, où elle semblait profiter des soins qu'on prenait de l'instruire.

Elle revint à sa première croyance bientôt ; malheureuse du côté de sa famille pauvre, elle s'en alla chez son parrain, qui lui mit en main la garde de ses troupeaux.

Un jour, comme elle était aux champs, un inconnu vint lui dire : « Tu es animée de l'esprit de Dieu, désormais tu peux prophétiser, et annoncer à tes frères en religion le jour prochain de leur délivrance. » La jeune fille, l'imagination exaltée, parcourait les hameaux, et là elle exhortait les paysans à saisir la vieille arquebuse des ancêtres pour la défense de sa religion.

La réputation de la bergère de Crest s'étendit bientôt dans toutes les montagnes du Dauphiné ; on accourait de plusieurs lieues pour l'entendre, et l'on s'en retournait rempli d'admiration. Son nom parvint jusqu'en Hollande ; le ministre Jurieu écrivit à tous ses coréligionnaires que la bergère de Crest était suscitée par la Providence pour la consolation et le soutien de l'église protestante.

Cet enthousiasme pour les prédications d'une jeune fille s'explique par l'intelligence de l'époque où elle apparut.

La religion réformée était alors persécutée par les édits implacables de Louis XIV ; cette religion était puissante sur toute la ligne de montagnes qui s'étend depuis les Alpes jusqu'aux Cévennes; elle comptait là de nombreux adeptes, de fervents défenseurs.

Au sommet des rochers escarpés, il existait des familles simples de paysans, qui allaient aux prêches avec toute la ferveur des temps primitifs ; depuis les jours de la persécution, leur zèle semblait se réveiller plus puissant et plus énergique.

Aux époques de persécution, il s'élève toujours des ames inspirées, des prophètes qui annoncent les jours meilleurs, et préparent ainsi à l'espérance.

Le calvinisme si rigide, si profondément ennemi des miracles, eut pourtant des prophètes inspirés ; la montagne retentit d'éclatantes paroles. De pauvres femmes, de jeunes filles, comme la bergère de Crest, agitées par l'Esprit-Saint, prêchaient au milieu des tourments et des supplices ; toutes avaient le don de la double vue, elles apercevaient au loin les détachements de milice ou de dragons chargés d'exécuter les ordres impératifs de Louis XIV ; elles prévenaient les fidèles.

Et, tandis que le soldat avide de pillage brûlait les chaumières, enlevait les troupeaux, les pieux montagnards écoutaient la parole de ministres austères ou de jeunes vierges inspirées, qui parlaient des merveilles de la bonté de Dieu en face des flammes dévorantes.

CAMBRAI.

NORD.

Les Romains appelaient *Cameracum* la ville que nous appelons Cambrai, ville illustre à toutes les époques.

Clodion prenait le titre de roi de Cambrai. Cette cité, sous le règne de Charles-le-Simple, fut cédée aux empereurs d'Allemagne ; mais ceux-ci laissèrent aux évêques tout droit de souveraineté.

Cependant les événements marchaient, et, vers le milieu du XIe siècle, alors que des idées de liberté commençaient à agiter les têtes, les habitants de Cambrai s'insurgèrent pour arracher le pouvoir à leur maître, et conquérir le droit de commune à leur ville.

Voici ce que rapporte, à ce sujet, un chroniqueur :

« Comme le clergé et tout le peuple étaient en grande paix, l'évêque Gérard s'en alla visiter l'empereur Henri quatrième, son suzerain et bon ami. Mais ne fut pas très-éloigné quand les bourgeois de Cambrai, par mauvais conseil, jurèrent une commune, et firent ensemble une conspiration, et s'allièrent par serment que si ledit évêque n'octroyait icelle commune, ils lui défendraient l'entrée de la cité.

» Cependant l'évêque était à Lobes, et lui fut dit le mal que le peuple avait fait, et aussitôt quitta sa route, et, accompagné de son ami Baudoin, comte de Mons, vinrent à la cité avec grande cavalerie ; et les bourgeois les refusèrent. Alors l'évêque prit en grande pitié cette folie, et manda aux bourgeois qu'il traiterait tout en sa cour et en bonne manière ; ainsi les apaisa.

» Il advint que lorsque le seigneur évêque fut entré, grand nombre de chevaliers, sans son su et consentement, assaillirent les rebelles et leurs osts et maisons, et occirent aucuns, et, plusieurs blessèrent. Dont furent les bourgeois très-esbahis, et par ainsi la commune défaite. »

Quelques années plus tard, les habitans de Cambrai se rébellionnèrent encore, et établirent une nouvelle commune qui ne fut pas plus heureuse que la première ; en 1107, l'empereur Henri V l'abolit ; vingt ans après, elle était reconstituée.

L'histoire de la commune de Cambrai et ses luttes avec les évêques, ses oppresseurs, démontrent non-seulement que nos pères étaient capables de défendre leurs franchises avec une constance extraordinaire, mais encore qu'ils entendaient la liberté, ses droits et ses devoirs.

On trouve dans la guerre soutenue par cette commune et par d'autres, comme celle de Laon, tous les symptômes, tous les caractères, tous les mouvements, toutes les vicissitudes, toutes les nécessités de notre révolution.

Ceux qui ne la comprennent pas n'ont qu'à lire le récit des débats de nos pères aux prises avec les tyrans, et ils apprendront que les grandes commotions politiques ne sont pas l'ouvrage de quelques hommes qui les auraient méditées dans leur cœur, préparées avec une habileté machiavélique, jusqu'au moment où leur volonté souveraine leur ordonnerait d'éclore. Les révolutions des communes ont chez nous ce caractère spécial, c'est d'être faites par tout le monde, et dues presque toutes aux violences du pouvoir.

Cambrai, outre ces titres de célébrité qui précèdent, est en-

Le Hâvre, p. 40.

core rendu célèbre par la ligue dite *Ligue de Cambrai*, formée en 1508 par l'empereur Maximilien Ier, le roi de France, Louis XII, le roi d'Aragon, Ferdinand-le-Catholique, et le pape Jules II, contre la république de Venise, et célèbre également par la paix de Cambrai, connue aussi sous le nom de *Paix des Dames*, parce qu'elle fut négociée en 1529 par deux princesses, Marguerite de Savoie, tante de Charles-Quint, et Louise, mère de François Ier. Cette paix, peu avantageuse pour la France, fut rompue en 1536.

Mais cette ville capitula devant les armées de Louis XIV, et Cambrai resta définitivement réunie à la France par le traité de Nimègue conclue en 1678.

Cette ville, située sur l'Escaut, renferme plusieurs édifices remarquables. Après la cathédrale, sa citadelle et l'hôtel de ville, c'est, sans contredit, la porte Notre-Dame, qui est le monument le plus digne d'attention. C'est une masse gothique faite en proportion des fortifications considérables de cette ville, qui sont flanquées de tours rondes.

En 1793, les Autrichiens l'assiégèrent sans succès.

Cambrai, archevêché jusqu'à la Révolution, simple évêché depuis le Concordat jusqu'à ces temps derniers.

LE HAVRE.

SEINE-INFÉRIEURE.

Le Havre, grande et belle ville du département de la Seine-Inférieure (Normandie). Le Havre est situé à l'embouchure de la Seine, où il a un port qui est très-fréquenté. Louis XII en jeta les fondements en 1509, sur un sol qu'il fallut conquérir sur les eaux. François Ier fit fortifier cette ville, et le cardinal de Richelieu y fit construire une citadelle pour arrêter les Anglais; ceux-ci bombardèrent le Havre en 1694 et 1759. Le Havre est une des places les plus commerçantes de la France, par sa proximité de la capitale, et par la facilité que lui donne la Seine de communiquer avec les départements de l'intérieur. Le Havre fut créé pour remplacer Honfleur, dont le port était ensablé. Après avoir arrêté un moment son attention sur le populeux faubourg d'Ingouville, on pénètre dans le Havre, dont le port est des plus remarquables; la jetée du nord, qui sert de lieu de promenade, est défendue, du côté de la ville par une tour connue sous le nom de Tour de François Ier, et qui, dit-on, a été bâtie par ce prince. Aujourd'hui, la tour de François Ier ne sert plus que d'ornement; le vaste espace qu'on découvre de son sommet y attire les amateurs de points de vue.

Le Havre possède de belles et riches parties qui rappellent tout à fait Paris. Ce qui ajoute à l'illusion, ce sont ces coteaux d'Ingouville, qui s'offrent en perspective à peu près comme les hauteurs de Montmartre.

Là où s'élève aujourd'hui la puissante ville du Havre, on ne voyait qu'une langue de terre abandonnée par les eaux et mobile encore, où quelques misérables pêcheurs avaient bâti à la hâte de pauvres cabutes. Ce point de la côte offrait à ces braves gens une grande crique où leurs barques étaient en sûreté; ce fut là l'emplacement que l'on choisit pour y établir le Havre-de-Grâce. Il fallut des travaux immenses pour disputer à l'Océan le sol d'alluvion sur lequel les nouvelles constructions furent assises, et deux fois une mer furieuse menaça de faire disparaître jusqu'aux dernières traces de la cité naissante.

Dès l'année 1544, le Havre pouvait recevoir dans sa rade des flottes considérables, et ce fut à cette époque que l'Angleterre en vit sortir les forces imposantes qui la contraignirent à la paix. Les rois successeurs de François Ier accrurent considérablement la ville du Havre, qui devint ainsi l'une des places importantes du royaume; et lorsque la reine Elisabeth prêta secours aux protestants persécutés par la cour de France, ce fut le port de cette ville qu'elle demanda, comme la garantie la plus sûre et le gage le plus précieux. Le fameux Warwick s'y installa avec six mille hommes de troupes choisies; mais l'armée royale le força à capituler après une sanglante résistance.

Plus tard, le Havre vit s'élever une citadelle qui devait mettre cette place à l'abri d'un coup de main, soit de la part des étrangers, soit même de celle des partis qui agitaient la France à cette époque de troubles, où la royauté n'était pas encore dans la plénitude de sa force. Le cardinal de Richelieu trouva cette citadelle encore trop peu sûre; il la fit raser et en rebâtit une autre à ses propres dépens.

Lille, p. 103.

LILLE.

NORD.

Selon certains écrivains, Lille aurait la gloire d'avoir eu pour premier fondateur Jules-César, qui jeta, dit-on, les fondements de cette ville en faisant élever un château dans une île formée par la Deule, d'où le nom d'*Insula*, puis celui d'*Isla*, et enfin celui de l'*Isle* ou de *Lille*.

D'autres assignent pour auteur à ce château un Lyderic de Buc, forestier de Flandre, qui vécut dans la première moitié du septième siècle, et sur lequel on raconte une véritable légende historique Lyderic ayant à venger la mort de son père et la captivité de sa mère sur un gouverneur de la Flandre, nommé Phinar, le provoqua en combat singulier Ce combat eut pour théâtre cette même île embrassée par les replis de la Deule, et se passa en présence de Clotaire II, accompagné de ses hommes d'armes. Lyderic, après une lutte longue et opiniâtre, ayant donné la mort à son adversaire, consacra le lieu de sa victoire en y bâtissant un château, qui s'appela le château de Buc, de son propre nom; et, chargé par le roi du gouvernement de la Flandre, avec le titre de grand-forestier, il attira autour de la forteresse une foule de paysans et de mariniers, qui vinrent participer à ses priviléges et se mettre sous sa protection. Tout cela, comme on peut le penser, n'a aucune base historique vraiment solide, et la seule chose qu'il soit permis d'affirmer, c'est que, environnée à son origine de marais que l'industrie des habitants a desséchés, et de plusieurs bras de la Deule, Lille s'est élevée peu à peu autour de quelque château fort, et a véritablement tiré son nom de sa position insulaire.

Ceux qui ne veulent pas à toute force entourer de merveilleux le berceau des nations et des villes, se contentent de faire dater Lille de l'année 1007, époque où le comte de Flandre, Baudoin IV, l'agrandit considérablement et commença à l'enceindre de murailles, que son fils Baudoin V, dit *de Lille*, en raison de ce qu'il y faisait son séjour, continua et acheva en 1030. Située au milieu d'une contrée qui a été de temps immémorial le théâtre des guerres allumées dans le nord des Gaules et sur les frontières de la Germanie, Lille devait naturellement être une place forte, et l'on apprend sans étonnement qu'elle n'a pas eu moins de six siéges à soutenir.

Louis-le-Gros ayant porté la guerre en Flandre, après en avoir adjugé la souveraineté à Guillaume de Normandie, que les habitants refusaient de reconnaître, fut le premier qui assiégea Lille, en 1128. Cette ville, défendue par Thierry d'Alsace, que les Flamands opposaient à Guillaume, repoussa vivement les assaillants et lassa la constance du roi, qui abandonna son protégé et se retira. En 1213, Lille céda aux armes de Philippe-Auguste, qui pour châtier le refus que Ferrand de Portugal, alors comte de Flandre et son vassal, faisait de lui prêter foi et hommage, était venu mettre le siége devant sa capitale. Mais bientôt, excités par leur comte, les habitants se révoltèrent, et chassèrent les troupes que Philippe, en partant, avait laissées dans la ville. Cette révolte irrita tellement le roi, qu'étant revenu sur ses pas, il s'empara une seconde fois de Lille, la livra à la fureur du soldat, qui y mit le feu et la détruisit entièrement. Ferrand fut entraîné captif à Paris et enfermé durant presque toute sa vie dans le donjon de Vincennes. C'est à ce désastre que Lille dut son premier agrandissement ; elle fut rebâtie et augmentée de la paroisse Saint-Sauveur. Elle eut alors six portes.

Le treizième siècle ne s'écoula pas sans que Philippe-le-Bel n'obligeât de nouveau cette ville à capituler après une longue résistance, et, en 1296, la Flandre fut réunie à la couronne. Les Flamands ayant repris les armes en 1302, les Français perdirent, le 11 juillet, la bataille de Courtray, et Lille, Gand et Cassel retournèrent aux comtes de Flandre ; mais les Flamands furent battus à leur tour à Mons-en-Puelle, le 18 août 1304, et Philippe-le-Bel vint encore assiéger Lille, qu'il prit le 1er octobre. Cette bataille fut suivie d'un traité de paix conclu dans cette ville la même année, par lequel Lille et sa châtellenie restèrent au roi de France.

Elle appartenait comme la Belgique, aux Espagnols, lorsqu'en 1667 Louis XIV, alléguant les droits sur les Pays-Bas que, par la dévolution usitée en Brabant, lui donnait son mariage avec Marie-Thérèse, l'aînée des filles de Philippe IV, roi d'Espagne, marcha à la tête d'une formidable armée pour faire valoir ses droits, investit Lille le 10 août, et la fit capituler après neuf jours de tranchée ouverte. Le traité d'Aix-la-Chapelle confirma la domination française sur la nouvelle conquête, et dès ce moment on travailla à l'embellir et à l'agrandir, comme une possession définitivement acquise à la France.

Les travaux les plus remarquables qui furent alors exécutés sous la direction du maréchal de Vauban, consistent en forts, bastions, ouvrages avancés, et surtout en une citadelle qui est l'une des plus fortes, et, sans aucun doute, la plus belle et la plus régulière de l'Europe. Cette citadelle est le chef-d'œuvre de Vauban, qui en fut le premier gouverneur. Il la construisit dans une position telle, qu'on ne peut l'attaquer qu'après la prise de la ville, ce qui lui donne pour ainsi dire une force indomptable. Vauban la lui a d'ailleurs assurée par toutes sortes de moyens. Elle a la forme d'un pentagone de la plus parfaite régularité, avec beaucoup d'ouvrages sur chaque front. Les fortifications de la ville ne le cèdent point à la citadelle. L'enceinte qu'elles tracent présente une ellipse d'environ 1,200 toises dans sa plus grande longueur, sur 600 de large. Elle est percée de sept portes, dont une, celle que représente notre gravure, est digne d'arrêter les regards sous le rapport monumental.

Cette porte fut élevée par les magistrats de Lille, en 1682, comme un arc triomphal à la gloire de Louis XIV. Elle est d'ordre dorique et terminée par un trophée, sur lequel est assise la Victoire tenant une couronne à la main. C'est une décoration d'un bel effet et d'un aspect imposant. Elle s'appelait d'abord la porte des Malades, parce, non loin de là, avait été fondée dans le treizième siècle, par la comtesse Jeanne de Flandre, une léproserie pour les pèlerins qui revenaient de la Terre-Sainte, attaqués de maladies épidémiques; elle s'appelle aujourd'hui la porte de Paris.

Cependant la guerre de la succession d'Espagne s'était allumée, et, en 1706, la Flandre devint de nouveau le théâtre des hostilités. Après différents succès qu'ils avaient eus, les alliés résolurent le siége de Lille. Le prince Eugène et le duc de Marlborough l'investirent, le 13 août 1708, avec des forces imposantes, et, dans la nuit du 22 au 23, ils ouvrirent la tranchée. La place était défendue par le maréchal de Boufflers, qui, le 22 octobre, fut obligé de capituler, ayant vainement attendu que l'armée française, sous le commandement du duc de Bourgogne et du duc de Vendôme, le délivrât. M. de Boufflers se retira avec cinq mille hommes et toute l'artillerie dans la citadelle, dont il ne sortit que le 8 décembre, avec les honneurs de la guerre, après avoir perdu tout espoir de secours. Lille resta aux alliés jusqu'au traité de paix conclu à Utrecht en 1713, qui la rendit à la France.

Dans les guerres de la révolution française, cette ville eut à subir un sixième siége, le plus terrible de tous par les ravages qu'il causa, et le plus mémorable par la résistance des habitants. Au mois de septembre 1792, le duc Albert de Saxe avança, sans rencontrer d'obstacles, jusque sous les murs de la place avec une armée de vingt-cinq mille hommes. Lille n'avait alors pour toute garnison que des volontaires sans aucune expérience, quelques bataillons de fédérés, les débris de quelques régiments de ligne indisciplinés, 600 cavaliers montés, et cent trente-deux artilleurs ; mais le courage que les Lillois déployèrent pour la défense de leurs foyers valait mieux que l'armée la plus nombreuse. Aux insolentes sommations de l'ennemi, les généraux qui commandent la garnison, et la municipalité, répondent qu'ils ont juré à la nation de vivre libres ou de mourir, et qu'ils ne sont pas des parjures. Le peuple appuie ces nobles paroles par mille et mille cris de vive la nation! vive la liberté! Dès qu'elles sont connues d'Albert de Saxe, une grêle de bombes, d'obus et de boulets rouges tombe sur Lille. Ce feu dura, presque avec la même vigueur, depuis le 29 septembre jusqu'au 8 octobre ; mais il ne fit pas chanceler un instant la résolution des habitants, bien que l'ennemi dirigeât principalement ses coups sur les quartiers des classes pauvres, qui furent complétement écrasés, dans l'espoir d'exaspérer les ouvriers, et de les porter à exiger des autorités la reddition de la place. Jamais calcul n'avait été plus mal fondé. Enfin, le 8 octobre, Lille fut délivrée ; les Autrichiens battirent en retraite sur Tournay, avec la honte d'avoir échoué dans cette expédition d'une atrocité inutile, et qui leur coûtait au moins deux mille hommes. La France entière applaudit alors à l'héroïsme des Lillois. Des offrandes généreuses, le zèle et la persévérance de ces mêmes citoyens qui venaient de montrer tant de courage, réparèrent promptement les ravages de l'ennemi, et des quartiers neufs sortirent comme par enchantement du milieu des ruines.

Après tant de siéges qui ont forcé plusieurs fois la ville de Lille à se rebâtir en tout ou en partie, il ne faut pas s'attendre à y trouver rien du moyen-âge, à y rencontrer de ces antiquités qui font rêver le poète, penser l'historien et tressaillir l'ami des arts. Lille a, en effet, une physionomie toute moderne; presque toutes ses rues sont larges et fort droites, et dans certains quartiers, exactement tirées au cordeau. La rue tour à tour appelée Nationale, Impériale et Royale, est vraiment digne d'attention par sa longueur, sa largeur, la régularité et la noblesse de ses édifices. Ses maisons ne manquent pas d'élégance, ses places sont grandes et régulières. Au total, il n'est guère de ville qui soit mieux percée.

La plupart des paroisses de Lille possèdent quelque chose digne de remarque. L'église Saint-André est une des plus belles ; elle a été dévastée dans les mauvais jours de la révolution, mais depuis on l'a restaurée avec soin ; sa façade, ornée de colonnes, est d'une élévation imposante. L'architecture de l'église Sainte-Catherine est simple et noble ; comme presque tous les vieux monuments, elle a le défaut d'être encadrée dans de grossières constructions ; il y a dans le chœur un magnifique tableau de Rubens, représentant le martyre de Sainte-Catherine. La haute tour, qui s'élève au-dessus de l'église, porte le télégraphe de Lille. L'église Sainte-Madeleine, couronnée par un gracieux belvédère, se distingue, par sa coupole élégante, des autres édifices religieux de la cité. L'église Saint-Sauveur possédait une belle flèche gothique qui servit de point de mire aux Autrichiens, lors du fameux siége de 1792 ; cette flèche fut renversée par les boulets ennemis. Enfin, l'église Saint-Maurice, vénérable édifice du douzième siècle, est le plus antique, le plus vaste des monuments de la cité, remarquable par l'élévation de ses arceaux et le nombre de ses chapelles. La grosse tour qui menaçait ruine a été abattue depuis plusieurs années.

Par son importance commerciale et industrielle, Lille est au premier rang des villes du royaume. Assise au milieu d'une plaine remarquable autant par sa belle culture que par sa grande fertilité, elle fournit à toute la France et à l'étranger les produits de son sol et celui de ses manufactures. Les fileries, les filatures de coton et les fabriques de toile y sont surtout en grand nombre.

Chef-lieu du département du Nord de la 16ᵉ division militaire, Lille compte 70,000 habitants. Elle a un hôtel des monnaies (lettre W) qui ne ne le cède pour l'activité qu'à celui de Paris ; un tribunal civil, un tribunal de commerce, un collége royal, un musée, où l'on compte quelques bons tableaux de l'école flamande, une bibliothèque publique, des écoles de dessin et d'architecture, une académie royale de musique et plusieurs sociétés savantes.

LIMOUX.

AUDE.

Limoux était autrefois la capitale du comté du Razès, dans le Languedoc. On prétend qu'elle existait au temps de Jules César, et était défendue alors par un château appelé *Rheda*. Le Razès, dont Limoux était la capitale, fut autrefois l'apanage des cadets de la maison de Carcassonne. En 1209, Limoux se soumit à Simon de Montfort qui en fit raser les murs, et le pape Jean XXII l'érigea en évêché; mais, à la sollicitation de l'évêque de Narbonne, le siége fut transféré à Alet. Les habitants de Limoux se déclarèrent d'abord contre les Albigeois; plus tard, ils se joignirent à eux et les favorisèrent de tous leurs moyens, conduite qui les fit excommunier, lors du concile tenu à Narbonne, en 1226. Par suite des troubles de religion et des guerres du comte de Toulouse, la ville de Limoux, primitivement bâtie sur une colline, fut détruite par ordre du roi de France, et rebâtie dans la plaine. Elle prit part, en 1305, au complot qu'avaient formé les consuls de Carcassonne, pour livrer ces deux villes à l'infant de Majorque; quarante de ses habitants furent pendus. En 1347, Limoux obtint la permission de rétablir ses fortifications pour se défendre contre les Anglais. Dans le seizième siècle, Limoux, longtemps au pouvoir des calvinistes, fut assiégée par le maréchal de Mirepoix qui s'en rendit maître au nom de la sainte Ligue; mais, à l'avénement de Henri IV, elle ouvrit ses portes à l'armée royale.

Limoux est située au milieu d'un vallon, sur la rive gauche de l'Aude; deux petites rivières, le Congain et la Corneilla, l'arrosent à ses extrémités; les coteaux qui l'environnent sont entièrement couverts de vignobles qui produisent le vin blanc si connu sous le nom de *blanquette de Limoux*. Vue du côté de la hauteur où était, dit-on, anciennement bâtie la ville de Rhéda, l'aspect de Limoux est des plus gracieux. A peu de distance de la ville s'élève la chapelle si célèbre, connue sous le nom de Notre-Dame de Limoux, joli édifice orné de tableaux et d'une grande fresque bien conservée. L'arrondissement de Limoux est en partie composé de montagnes qui appartiennent, soit aux Pyrénées, soit aux Corbières; il offre, par conséquent, un ensemble de communes pauvres; cependant l'industrie prospère dans plusieurs localités; il y a de nombreuses forges, une grande quantité de fabriques de drap et de filatures de laine, qui occupent des milliers d'ouvriers.

Vue de Limoux, p. 108.

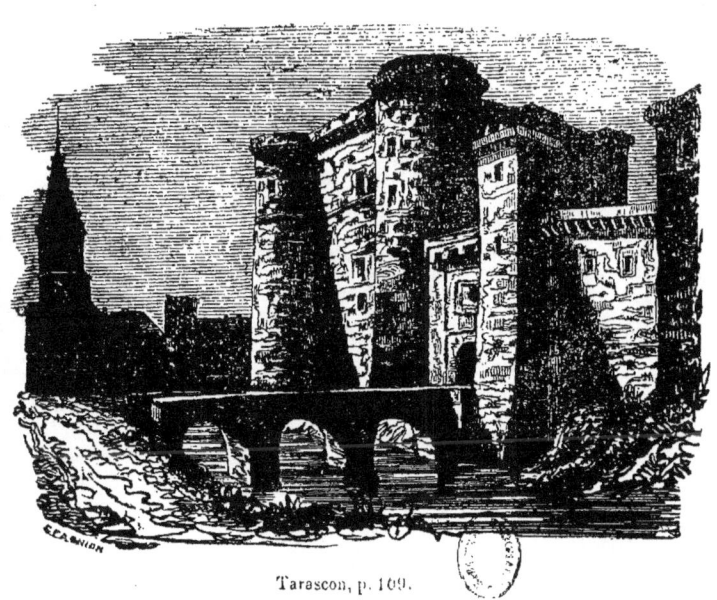

Tarascon, p. 109.

TARASCON.

BOUCHES-DU-RHÔNE.

La fondation de la ville de Tarascon est attribuée par quelques auteurs aux Phéniciens ; mais cette opinion, ne s'appuyant sur aucun fait précis, peut être contestée. Ce qui est certain, c'est que, sous la domination romaine, cette ville avait déjà une certaine importance, et qu'elle possédait une citadelle nommée *Arx Jovis*.

Cette cité est bâtie sur la rive gauche du Rhône, vis-à-vis Beaucaire. Un magnifique pont suspendu, appuyé sur une longue chaussée qui occupe une île du Rhône, permet la libre circulation des voyageurs et des marchandises entre la Provence et le Languedoc.

Tarascon était autrefois entourée de fortifications assez imposantes ; mais aujourd'hui ses murailles et ses tours tombent en ruines ; il en reste pourtant encore quelques parties remarquables, et, entre autres, une des trois portes dont la muraille était percée, laquelle est d'une architecture noble et majestueuse. Les rues sont belles ; plusieurs sont alignées, régulières et assez larges ; celle qui conduit à la place de l'Hôtel-de-Ville est ornée de portiques où l'on peut circuler à l'abri du mauvais temps. C'est la seule ville du département où ce genre d'architecture, à la fois commode et élégant, ait été conservé. La place de l'Hôtel-de-Ville est bien décorée, mais un peu étroite. Le Cours qui borde la grand'route est une très-jolie promenade, entretenue avec beaucoup de soin. Les dehors de la ville sont riants et agréables, surtout le long du Rhône, où il y a des levées de terre, bordées de beaux arbres, d'où l'on jouit d'une vue magnifique.

Ce fut en 1256, sous le règne de Charles II, que les dominicains s'établirent à Tarascon, où, grâce aux libéralités de ce prince, ils firent construire plusieurs monuments remarquables, entre autres l'église qui porte encore aujourd'hui le nom de leur ordre, et sur le frontispice de laquelle on voit un bas-relief allégorique d'une belle exécution. A cette même église se rattache un souvenir historique qui doit trouver place ici. C'était au temps de la Ligue. Un nommé Henri, habitant de Tarascon, étant entré dans cette église pour y faire sa prière du soir, s'y endormit. A son réveil, trouvant les portes fermées, il se réfugie dans un confessionnal. Il y était à peine que minuit sonna ; en même temps, Henri entendit une des portes de l'église s'ouvrir, et, à la lueur de la lampe qui brûlait dans le chœur, il aperçoit plusieurs hommes qui entrent successivement, se réunissent et semblent tenir conseil. Henri écoute attentivement, et il apprend que le clergé se dispose à ouvrir les portes de la ville à un parti de ligueurs commandé par Dampin; il retient aussi le mot des conjurés qui était *la mort*. Aussitôt Henri s'esquive, court avertir les autorités royales, et la ville est sauvée. Cet homme, qui fut généreusement récompensé par le roi, reçut, à cette occasion, de ses compatriotes, le surnom de *La Mort*, que plusieurs de ses descendants portent encore aujourd'hui.

Le couvent des capucins, à Tarascon, était aussi fort riche autrefois, et avait une fort belle église. Ce couvent était dirigé, en dernier lieu, par le père Chérubin, général de l'ordre. Ce religieux ayant été envoyé à Rome, près du pape Clément XIV, fit dessiner par le célèbre Vien six tableaux de grande dimension, représentant l'histoire de sainte Marthe. Ces tableaux ont échappé aux fureurs révolutionnaires, et sont aujourd'hui un des principaux ornements de l'église Sainte-Marthe, ainsi que deux autres de Vanloo qui étaient également aux capucins. Une des salles de l'hôtel de ville est décorée aussi de plusieurs tableaux tirés du même couvent.

C'est une tradition généralement admise à Tarascon, que Marthe, sœur de Marie-Madeleine, vint avec sa suivante Marcelle dans cette ville, où elle apporta la foi chrétienne. Le pays était alors ravagé par un monstre qu'on appelait *la Tarasque*, du nom de la ville; Marthe, dit-on, l'enchaîna avec sa ceinture et en délivra le pays.

Cette légende, assez semblable à celle de *la Gargouille* de Rouen, de *la bête du Gevaudan* et de plusieurs autres, donna lieu, par la suite, à des jeux singuliers qu'on célébrait chaque année, le jour de la Pentecôte. Des hommes de peine, costumés uniformément, allaient, vers midi, chercher la Tarasque pour la conduire hors de la porte Jarnègues. La Tarasque, représentation d'un dragon monstrueux, était formée d'un assemblage de cerceaux recouverts d'une toile peinte; ses pattes étaient armées de griffes, sa queue écailleuse et plusieurs fois recourbée, sa tête tenait du taureau et du lion. Cette effrayante figure était portée par une douzaine d'hommes, et l'un d'eux s'introduisait dans le corps de la Tarasque pour en faciliter les mouvements; des fusées étaient attachées aux deux narines de l'animal, et l'on y mettait le feu au moment où la course commençait. Cette course était de nature à inspirer de la terreur; la Tarasque s'agitait en tous sens, comme si elle était animée de fureur et de rage. Plus d'une fois la rencontre de cette hideuse figure a été funeste aux habitants.

Le château de Tarascon est le plus grand, le plus magnifique monument dont le XVe siècle ait enrichi le Midi. Commencé en

1400, il fut achevé par le roi René, qui l'habita et y donna des fêtes et carrousels magnifiques. Ce séjour royal est devenu une prison ; dans cette triste métamorphose, l'intérieur a perdu ses ornements, mais le dehors conserve sa majesté. C'est un carré d'une grande élévation, ayant du côté de la ville deux belles tours rondes, et du côté du Rhône deux tours carrées irrégulières. Une enceinte plus basse, flanquée d'autres tours carrées, s'étend vers le nord. Quand on est sur le pont du Rhône, on voit le château à découvert ; il élève sa masse imposante sur le bord oriental, tandis que l'autre rive présente les formes fantastiques des tours de Beaucaire. Quand on arrive du côté de terre, on l'aperçoit aussi de très-loin ; sa blancheur et son élévation le font remarquer au-dessus de la ville, dont il dépasse tous les édifices ; il est d'une fraîcheur qui ne laisserait pas soupçonner son antiquité de quatre siècles. Les comtes de Provence ont tous habité ce château durant leur séjour à Tarascon, où ils venaient très-souvent ; ils y tenaient leur cour, y dansaient les ballets, et c'est là qu'au mois de juin 1449, le roi René donna ce tournois célèbre, dont les historiens de Provence parlent avec tant d'enthousiasme.

Les jeux de la Tarasque furent célébrés plusieurs fois dans ce château, en présence du roi René et de sa seconde femme, Jeanne de Laval, et la Tarasque continua à s'y rendre chaque année ; mais, depuis 1789, ces jeux ne sont plus exécutés que dans les occasions extraordinaires, et bientôt, sans doute, ils seront entièrement oubliés.

METZ.

MOSELLE.

Metz, chef-lieu de département, était autrefois capitale du pays Messin. Cette ville, qui tient le premier rang parmi nos places fortes, est située au confluent de la Moselle et de la Seille. Les Arabes musulmans la ruinèrent de fond en comble en 731. Elle fut la capitale des rois d'Austrasie. Au temps de Charles V elle fut ville impériale ; mais en 1552 Henri II, roi de France, s'en empara ; et bientôt après elle soutint un siége contre 100 mille hommes de l'armée de Charles V, qui fut repoussée par le duc de Guise. La possession de Metz fut confirmée à la France par le traité de Westphalie. Cette ville a donné naissance au maréchal Fabert, à Custine, général en chef de l'armée du Nord en 1792, et au vaillant Lasalle.

Le sas de la Moselle est un beau travail hydraulique. Metz, par sa position, possède tous les éléments propres à obtenir un commerce florissant. Déjà la fabrication des draps, des flanelles, des couvertures de laine, des tricots, des estamettes, occupe une partie de sa population. Ses chapelleries, estimées même avant la révolution, le disputent à celles des Lyonnais. Les tanneries, les fabriques de papiers peints, de toiles de coton, de sucre de betterave, les ateliers de broderie, les brasseries, les distilleries, les fabrique de poterie en terre, en grès, celles de savon, de briques, envoient leurs produits jusqu'à l'étranger. On compte à Metz un grand nombre de juifs et leur culte y a sa synagogue. Metz possède un riche arsenal, une fonderie de canons, un bel hôtel de ville, et une école spéciale d'artillerie et de génie. Sa population est de 44,410 âmes.

BEAUCAIRE.

Il est, dans le département du Gard, une ville phénoménale qui vit quatre semaines seulement par année ; une ville de dix mille habitants, qui en compte plus de cent mille durant un mois ; une ville sans industrie et sans commerce, qui, dans un temps donné, se trouve à l'improviste une des plus commerçantes de l'Europe ; une ville moderne, indolente, presque déserte, qui, du 1er au 28 juillet, devient subitement riante, active et populeuse : c'est Beaucaire, l'antique *Ugernum*, dont la foire rivalise avec celle de Leipsig, de Francfort, de Novogorod et de Sinigaglia.

Vue par les voyageurs qui vont de Lyon à Arles sur les bateaux à vapeur du Rhône, cette vieille cité offre un coup d'œil assez pittoresque ; mais, si vous pénétrez dans l'intérieur, vous trouvez un méandre de rues sinueuses, des pavés anguleux, des maisons lézardées, et pas un monument, à moins que vous ne preniez pour tel le château de *Bel-Cadro*, dont les ruines couronnent la cime d'un rocher crasseux.

La fabrication beaucairienne se borne aux tricots, à la poterie de terre, à la tannerie et à la corroierie. D'où vient que le commerce a choisi pour rendez-vous une si modeste résidence, une ville aussi étrangère aux spéculations industrielles ? C'est uniquement parce que la foire de Beaucaire était franche dans un temps de multiples prohibitions. On ne sait comment elle le devint ; les paléographes ont vainement cherché la charte de fondation ; mais

Beaucaire, p 112.

ils peuvent vous dire qu'il en est question dans un acte de 1168, et que les priviléges en furent confirmés par Charles VIII, Louis XII et Louis XIII.

La franchise fut limitée plus tard. On créa, en 1632, un droit de *réappréciation*, puis un droit d'*abonnement* de douze sous par balle qui n'était pas déballée, puis la douane de Valence, qui, après avoir imposé les marchandises portées à Beaucaire, les réimposait souvent au retour. Ces entraves n'arrêtèrent point le mouvement commercial dont Beaucaire était le centre. Aujourd'hui que les communications sont faciles, que les canaux, les chemins de fer, les paquebots portent les marchandises d'un bout du monde à l'autre, que les plus minces négociants *vont en fabrique*, que les commis voyageurs pénètrent jusque dans les chaumières, les foires qui ont pour but de réunir en un même lieu les acheteurs et les vendeurs semblent une institution superflue. Jamais, cependant, la foire de Beaucaire n'a été plus florissante.

La foire de Beaucaire commençait jadis le 22 juillet, c'est même encore le matin de ce jour que le canon annonce l'ouverture légale; mais vendeurs et chalands apparaissent dès le 25 juin. Le Beaucairien est alors dans l'état d'un homme qui sort de catalepsie; il dormait au soleil, fumait, chassait des becfigues, travaillait toujours le moins possible, et le voici transfiguré en être presque agissant. Vite, badigeonnez ces façades, nettoyez ces lambris, changez ces devantures, collez des papiers neufs, chassez les rats et les scorpions, établissez des échoppes le long des murs, transformez les cabinets noirs en chambres, les soupentes en boutiques, les galetas en appartements. Le Beaucairien prend tous ces soins à votre intention, malheureux négociants, mais il saura s'en indemniser. Un rez-de-chaussée de deux mètres carrés lui rapportera six cents francs; vous paierez la location d'un magasin pendant un mois aussi cher qu'une arcade du Palais-Royal pendant un an; vous serez caserné par chambrée dans les plus inhabitables repaires.

Au commencement de juillet, la foule grossit de jour en jour; le préfet du Gard se met en route pour venir gagner, à surveiller la foire et donner un bal, une indemnité de 10,000 francs. Le tribunal de commerce, la balance à la main, accourt de Nîmes, son siége habituel; le Rhône se couvre de barques, de tartanes, de felouques génoises, de pinques catalanes, de navires de toutes les nations.... Le total de cette masse est incalculable. On y a compté jusqu'à trois cent mille personnes, dit M. Abel Hugo; cent mille négociants s'y rendent, selon Vosgier; d'après la *Statistique* de Peuchet, il n'est pas extraordinaire d'y voir un concours de six cent mille hommes: enfin, d'après l'*Annuaire* publié chez Firmin Didot, dans un espace où dix mille personnes sont à l'étroit, en temps ordinaire, se groupe une population de deux à trois cent mille négociants.

Tel est, en raccourci, le tableau que la ville de Beaucaire offre au voyageur. La grande assemblée est dissoute officiellement le 28 juillet, les négociants plient bagages, les navires remettent à la voile, les diligences partent chargées de voyageurs, la ville se dépeuple lentement, et le Beaucairien se rendort. Comme le boa, il a fait son repas; il va mettre onze mois à le digérer.

Bruxelles, p. 115.

BELGIQUE ET PAYS-BAS.

BRUXELLES.

Il n'y a pas une seule ville en Belgique qui ne soit riche en monuments et en magnifiques établissements. Bruxelles, qui est la capitale de ce beau pays, est plus riche encore que les autres villes, car elle réunit dans son enceinte tout ce qui distingue les capitales. Les amis du merveilleux se sont plu à remarquer que le nombre sept avait son importance dans son histoire. Il y avait autrefois sept palais appartenant à sept familles patriciennes qui avaient une grande influence dans l'état : on y compte sept grandes places et trois fois sept fontaines. Il y a sept portes principales; la rivière de Senne prend sa source à sept lieues de la ville ; on fait admirer aux étrangers sept principales églises qui sont autant de paroisses, et enfin on rapporte ce fait singulier que l'ancien palais de la cour a donné asile à la fois à sept têtes couronnées. La liste en est aussi curieuse que le fait lui-même : C'étaient Charles-Quint, son fils Philippe II, alors roi de Naples, Maximilien, roi de Bohême, la reine de Hongrie, le roi de Tunis, le roi de Chypre, et la reine de Jérusalem.

Bruxelles, que sa position et son importance feraient de droit la seconde ville de France, qui a été pendant quinze ans la seconde ville des Pays-Bas, et se trouve pour le moment la capitale d'un nouveau royaume, doit son origine à saint Géri, évêque de Cambrai et d'Arras, qui, au commencement du VIIe siècle, bâtit dans une petite île formée par la Senne une chapelle autour de laquelle vinrent bientôt se grouper des habitations. En 1044, cette ville, déjà grande, fut entourée de murailles, par Lambert Baldcric, et, en 1357, elle fut agrandie et munie d'un rempart fort élevé. Elle devint la résidence des ducs de Brabant, et par suite des gouverneurs autrichiens. Elle éprouva deux incendies considérables, l'un en 1326, qui consuma 2,400 maisons, l'autre en 1405, qui en dévora plus de 1,400. En 1695, les Français la bombardèrent et incendièrent en vingt-quatre heures plus de 4,000 maisons. Après la bataille de Ramillies, en 1766, Marlboroug s'en rendit maître. L'électeur de Bavière l'attaqua vainement en 1708. Les Français la prirent, en 1746, sous le maréchal de Saxe, et la rendirent à la paix d'Aix-la-Chapelle. Ils y entrèrent en 1792, après la bataille de Jemmapes. Forcés d'évacuer après le combat de Louvain, ils la reprirent le 10 juillet 1794. Bruxelles était la capitale des Pays-Bas autrichiens, et la résidence d'un gouverneur général. Les Français, qui en avaient fait le chef-lieu du département de la Dyle, la rendirent en 1814, et elle fit partie du royaume des Pays-Bas. Lorsque la dernière révolution sépara la Belgique de la Hollande, Bruxelles devint la capitale du nouveau royaume et la résidence du souverain.

Bruxelles est bâtie sur la Senne et sur un canal qui communique à l'Escaut par le Rupel. Elle est à neuf lieues et demie d'Anvers et à soixante lieues de Paris. Elle a deux lieues et demie de circonférence. Elle avait autrefois des fortifications que Joseph II fit raser, et sur l'emplacement desquelles il fit planter des allées d'arbres qui forment une belle promenade. Bruxelles se divise en ville haute et ville basse, et l'on peut aussi la partager en ville neuve et ville ancienne.

La ville neuve est la plus belle partie de Bruxelles. Les rues en sont larges et bien alignées, les maisons élevées et élégamment bâties. Le Parc, charmante promenade, toute plantée d'arbres, toute peuplée de statues, en est le centre principal. Un petit bassin que renferme le Parc a acquis une grande célébrité : une inscription latine en fait foi. On raconte que Pierre-le-Grand, en 1747, s'y laissa tomber dans un moment d'ivresse. Une superbe rangée de palais et de belles maisons entoure le Parc.

La place Royale est la plus belle des places publiques. Sa position offre cela de favorable que, située sur le point le plus élevé, elle domine toute la ville. Au milieu, et faisant face à une rue qui traverse une grande partie de Bruxelles, on voit une église dont le portail est orné de six colonnes élevées sur un perron qui s'avance en saillie. Sur le côté droit, en face, est l'ancien palais du prince d'Orange, et tous les bâtiments qui entourent sont bâtis sur le même modèle.

En descendant par la grande rue Royale, on arrive sur la grande place. D'un côté se présente la maison du roi, en flamand *brood-huys* (maison du pain). C'est un antique édifice dont l'origine remonte aux premiers agrandissements de la ville. Il servit jadis de maison-de-ville.

L'Hôtel-de-Ville actuel date de 1404; sa construction plaît par sa bizarrerie. Il a une galerie ouverte qui règne sur toute sa façade, flanquée de six tourelles, et percée de quarante fenêtres; puis une tour octogone entièrement à jour, qui ne s'élève pas au milieu de l'édifice. Elle est haute de 364 pieds ;

Le parc de Bruxelles, p. 116.

et surmontée de la statue dorée de saint Michel terrassant le diable sous la forme d'un dragon. L'architecte se nomme Van Ruys Brock ; il mit à son œuvre quarante et une années de travail. La place de Saint-Michel, et celle du Grand-Sablon, la plus vaste de Bruxelles, méritent d'être vues; celle-ci est destinée aux exécutions judiciaires, à cause de son voisinage de la nouvelle prison.

Les fontaines sont presque toutes embellies de sculptures. La plus connue est celle du Manneken-pist (petit homme qui pisse). Cette figure, qu'on qualifie de plus ancien bourgeois de Bruxelles, a attiré les regards de plus d'un souverain, qui l'ont fait parer d'habillements, de cordons, etc. La fontaine de la rue Haute est un très bel obélisque, dont l'architecte Guimard a donné le plan. Les fontaines de Steen-Poort et de la porte de Staal datent du temps de Charles-Quint, Celle du Regorgeur est du sculpteur Janssens. Toutes ces fontaines sont alimentées par les eaux d'un lac, situé à environ un tiers de lieue à l'est de la ville. Il faut encore mentionner le nouveau palais de justice, où sont réunis tous les tribunaux ; le palais royal, résidence de Léopold; l'entrepôt, construit par Marie-Thérèse ; les églises Notre-Dame et du Sablon, le jardin botanique, le théâtre, l'Allée-Verte, charmante promenade qui a près d'une demi-lieue, se prolongeant sur le bord du canal, jusqu'au pont de Laeken, et la belle cathédrale de Ste-Gudule. Elle fut commencée sous Lambert, comte de Louvain et de Bruxelles; mais elle ne fut dédiée qu'en 1047, sous l'invocation de Saint-Michel. Elle fut rebâtie en 1226 et 1273, augmentée et restaurée en 1534; en 1543, on plaça un carillon, et l'horloge dans une des tours. Le 6 juin 1579, cette église fut saccagée par le peuple, et les reliques des saints dispersées, entre autres celles de la patronne, qu'on n'a plus retrouvées. L'église fut réconciliée en 1585 par l'archevêque de Malines. En 1587, le conseil de Brabant fit restaurer la chapelle du saint Sacrement : chaque conseiller y fit poser un pilier de cuivre avec ses armes.

LOUVAIN.

Louvain, sur la Dyle, fut avant Bruxelles la capitale des Pays-Bas. L'émigration causée par la révolte des Drapiers, du temps de Wenceslas, duc de Brabant (1380), lui porta un coup mortel. Sa population, qui s'élevait à près de deux cent mille habitants, est réduite aujourd'hui à vingt-cinq mille. Son université, fondée en 1426 sous le duc Jean IV, a été longtemps l'une des premières de l'Europe, par ses grands priviléges, ses immenses richesses, ses célèbres professeurs et ses nombreux étudiants. Quand la Belgique fut réunie à l'empire, l'université de Louvain fut supprimée. On créa alors dans cette ville un lycée. Lors de la création du royaume des Pays-Bas, l'université fut rétablie. Six cents étudiants suivent aujourd'hui ses cours; on prétend qu'elle en réunissait jadis six fois autant.

On admire à Louvain les bâtiments affectés primitivement à ses nombreux colléges, tous rebâtis somptueusement vers la fin du siècle dernier. De la réunion de plusieurs de ces bâtiments, on avait fait sous l'empire un magnifique hôtel des invalides. Parmi les constructions remarquables de cette ville, il faut citer les Halles, bâtiment spacieux qu'occupaient anciennement les marchands drapiers, et qu'on a converti depuis en écoles publiques de droit, de médecine et de théologie.

Le monument le plus curieux de Louvain est son hôtel-de-ville, construction gothique ornée d'une infinité de groupes de figures taillées en ronde bosse, qui lui donnent une place à part parmi les édifices du même genre. Commencée en 1448, elle fut achevée en 1463. La décoration intérieure de l'édifice répond à celle de l'extérieur. Les appartements y sont ornés d'un grand nombre de tapis et de tableaux de prix.

En face de cette maison-de-ville, on voit l'église de Saint-Pierre qui possède un très riche carillon. Elle était jadis accompagnée d'une belle tour haute de plus de 500 pieds, qui paraissait très solidement assise, et qui s'écroula subitement en 1606. L'ancienne église des jésuites mérite aussi d'être visitée par les voyageurs.

Le principal commerce de Louvain, depuis la suppression de son université et de son entrepôt pour le commerce, c'est celui de la bière, surtout de la blanche, dont il se fait une consommation énorme dans les Pays-Bas. On en fabrique trois espèces : la forte qu'on appelle petermann, qu'il était autrefois défendu de transporter hors de la ville; le caniak, que l'on servait à table dans les colléges, et les autres maisons à Louvain même; et celle qu'on appelle simplement bière de Louvain qu'on exporte en grande quantité.

Le beau canal qui réunit Malines à Louvain rendit à cette dernière ville une grande activité commerciale quand elle fut dotée d'un entrepôt pour le transit. Lors de la suppression de cet entrepôt, sous l'empire, le canal et ses environs devinrent une solitude.

On compte encore à Louvain 25,000 habitants.

Beffroy, à Bruges, p. 119.

BRUGES.

Bruges, ancien chef-lieu du département de la Lys, est une des villes qui ont subi le plus de variations dans leur fortune. Elle renferme encore des monuments qui attestent sa splendeur, à l'époque où, servant de point central entre les comptoirs des villes Anséatiques et ceux de Venise, de Gênes et des autres ports de la Méditerranée, elle était devenue en quelque sorte l'entrepôt de tout le commerce européen. Résidence ordinaire des puissants comtes de Flandre, ce fut sous Philippe-le-Bon qu'elle atteignit son plus haut point de prospérité. Il institua, en 1430, l'ordre de la Toison-d'Or, destiné, dans le principe, à consacrer et honorer la fabrication des lainages; fabrication qui était parvenue, dans ses Etats, à la plus grande perfection; cet ordre fut plus tard la cause ou plutôt le prétexte d'une guerre qui s'engagea entre l'Espagne et l'Autriche, pour savoir, disait-on, qui en nommerait les membres. La querelle ne fut terminée que par les traités d'Utrecht et de Rastadt.

Bruges était anciennement une place de guerre très fortifiée; ce qui ne l'empêcha pas d'être souvent prise et reprise. Au commencement du siècle dernier, dans l'espace seulement de seize années, elle changea cinq fois de maîtres. Elle appartint à la France de 1793 jusqu'en 1814, époque à laquelle elle échut en partage au roi des Pays-Bas; enfin, en 1831, elle est devenue la capitale d'une des provinces du royaume de Belgique.

Bruges ne laisse pas d'être encore aujourd'hui assez commerçante. Sa position, à quatre lieues environ de la mer et à la jonction de plusieurs canaux importants, qui facilitent ses débouchés jusque dans l'intérieur de la France et de l'Allemagne, lui assure à jamais un avenir d'aisance et de prospérité. Ses manufactures de toiles, d'étoffes de laine, de basins, de camelots, de rubans et de dentelles, jouissent d'une réputation méritée, et attirent, aux foires qui se tiennent dans cette ville, une grande affluence de négociants.

Au nombre des beaux monuments de Bruges, nous citerons celui sur lequel s'élève le beffroi. C'est la halle, construite en 1364 sur l'emplacement d'une autre plus ancienne qui avait été incendiée en 1280. L'ensemble de cet édifice est d'une belle construction : la tour surtout est remarquable par les détails de son architecture, non moins que par son élévation: de son sommet, la vue embrasse une étendue de près de quinze lieues. Elle se terminait autrefois par une flèche élégante; mais frappée et détruite par la foudre, en 1493, elle fut reconstruite, l'année suivante, telle qu'elle est aujourd'hui. Cette tour renferme une horloge et un carillon qui passe pour un des plus harmonieux de tout le pays.

L'Hôtel-de-Ville, bâtiment gothique, peu régulier, était autrefois orné des bustes des anciens comtes de Flandre, qui ont été abattus, il y a une quarantaine d'années. Non loin de là, l'on voit encore les ruines de la chapelle du Saint-Sang, lieu de dévotion très vénéré, où l'on venait en pèlerinage de vingt lieues à la ronde..

L'église de Notre-Dame fut construite vers le milieu du douzième siècle. On y voit deux tombeaux d'une richesse et d'une magnificence vraiment merveilleuses. Le premier de ces tombeaux contient les restes de Charles-le-Téméraire, tué devant Nancy, en 1477. Le second, renferme les cendres de la fille de Charles-Quint, Marie de Bourgogne, épouse de Maximilien, archiduc d'Autriche, morte à l'âge de vingt-cinq ans, le 28 mars 1481.

Le clocher de cette église surpasse de trente pieds environ la tour du beffroi, déjà si élevée : aussi, sert-il de fanal diurne aux bâtiments qui sont en mer et qui naviguent dans ces parages.

Les maisons particulières sont en général d'une bonne construction; quelques rues sont larges et belles; en un mot cette ville présente un aspect assez agréable.

Bruges est la patrie de plusieurs personnages marquants dans les arts et les lettres, tels que Raoul, astronome célèbre du douzième siècle; Hubert Hantschild, et Grégoire de Saint-Vincent, qui découvrit l'art de tailler le diamant; et Jean Van Eyck, connu généralement sous le nom de Jean de Bruges, regardé comme l'inventeur de la peinture à l'huile.

Au delà de ce canal apparaissent quelques uns de ces édifices, aux toits anguleux, curieux débris des siècles passés, et qui contrastent d'une façon si pittoresque avec les maisons bâties dans le style moderne; et plus loin encore surgit la tête élevée du beffroi que l'œil du voyageur rencontrera presque toujours, de quelque côté qu'il se place pour examiner la ville.

Pour aller de Gand à Bruges, on a le choix de trois routes différentes, savoir : celle par eau, au moyen du canal; celle par terre, en côtoyant celui-ci; et celle par la grande route pavée, qui s'écarte du canal. La seconde n'est guère suivie que par les piétons ou par des cabriolets fort légers. La route par le canal est, sans aucune comparaison, la plus commode

Gand, p. 121.

et la plus agréable des trois. Aussi est-elle généralement préférée par tous ceux qui ne sont pas embarrassés par une voiture ou par un cheval.

La population de Bruges est de 43,000 âmes.

GAND.

Les habitations de cette ville, dont on dit que les fondements rent jetés par Jules-César, rappellent encore, par leur achitecture, l'époque où elle était la capitale d'une province soumise à la couronne d'Espagne. Les Nerviens choisirent Gand pour leur cité, et, après eux, les Vandales lui donnèrent le nom de *Vanda*, d'où l'on croit que celui de *Ganda* ou *Gandavum* est dérivé.

Plus d'une fois les Gantois se mirent en lutte ouverte avec les comtes de Flandre, et la toute-puissance de l'empereur Charles-Quint lui-même, leur compatriote, ne les empêcha pas d'élever contre lui l'étendard de la rébellion. Rarement ils firent la paix avec leurs princes, sans qu'il en coûtât la tête à quelques uns des magistrats de la ville, des doyens des corps de métiers et des principaux bourgeois, qui avaient dû, préalablement, aller implorer le pardon de leurs concitoyens, pieds nus, en chemise et la corde au cou. Ce châtiment fut si souvent infligé aux Gantois que la corde est devenu l'attribut, le signe qui sert à caractériser leur ville entre les autres de la Belgique.

Cependant toutes ces révoltes ne furent pas sans gloire, et les Gantois se rappellent avec orgueil la guerre qu'ils soutinrent, sous Jacques d'Artevelle et son fils Philippe, contre le comte Louis de Maele leur souverain. Jacques d'Artevelle éleva pendant sept ans sa ville natale à un haut degré de puissance et de prospérité (de 1339 à 1345). L'Angleterre rechercha l'alliance de ce bourgeois de Gand. Orateur distingué, habile politique, guerrier redoutable, simple et populaire avec ses concitoyens, il s'était attiré l'amour des marchands, parce qu'il faisait fleurir le commerce, et l'estime du clergé, qui lui avança souvent de fortes sommes pour subvenir aux frais de son gouvernement. Bien qu'il eût été assassiné à Gand, ses concitoyens prouvèrent ensuite que ce crime leur était étranger, et mettant à leur tête son fils Philippe d'Artevelle, qui, d'abord, continua victorieusement leur résistance et finit par se faire tuer avec vingt mille Flamands, en combattant à Roosebeke contre l'armée française que Charles VI amenait au secours du comte Louis de Maele (1382).

Gand devint peu à peu une riche et puissante ville, dont la fortune ne cessa pas d'aller croissant, à tel point qu'on lui assigna jusqu'à trois cent mille habitants, et qu'au seizième siècle cette ville surpassait la capitale de la France en étendue. C'est du moins ce qu'on peut conclure de ce mot de Charles-Quint : « Je mettrais Paris dans mon Gand. »

Entre les monuments de Gand, on distingue d'abord la cathédrale de Saint-Bavon; on y montre deux raretés précieuses : d'abord le bassin qui servit à baptiser Charles-Quint, vase de pierre commune, fermé d'un couvercle de cuivre, et quatre candélabres en bronze, avec ornements, dans le genre antique, qui ont servi au catafalque du roi d'Angleterre Charles Ier. Une curiosité plus intéressante encore et qui se recommande à l'attention dans cette cathédrale, c'est un crypte ou église souterraine où l'on inhumait jadis les évêques, et qui présente, comme l'église supérieure, quinze chapelles, dont les dimensions et les dispositions sont absolument les mêmes.

Non loin de Saint-Bavon, s'élève la tour du beffroi, que surmonte à une hauteur prodigieuse un immense dragon en cuivre doré, fixé par le ventre à une énorme barre de fer. Ce dragon est illuminé dans les grandes réjouissances publiques, son intérieur peut contenir une table et quelques chaises. La tradition veut que ce dragon ait été envoyé par le comte de Flandre, Baudouin IX, de Constantinople à Bruges, d'où les Gantois, pendant les guerres civiles, l'auraient transporté chez eux, pour le placer sur le beffroi comme un trophée. Quant au beffroi, dont on fait remonter la fondation à l'année 1228, il donne à remarquer son horloge, son carillon, et sa grosse cloche qui pèse, dit-on, 11,000 livres.

Après l'Hôtel-de-Ville, monument à deux façades, commencées l'une en 1481, et l'autre en 1600; après le palais de l'université, où l'on distingue surtout la salle des thèses pour le doctorat; après la bibliothèque et le jardin botanique, le voyageur, trouve dans Gand, à partager son admiration entre de vastes et belles places, des promenades charmantes et des quais magnifiques, sur les bords de la Lys et de l'Escaut. Deux autres rivières, la Lièvre et la Moëre, traversent la ville, qui se trouve coupée en vingt-six îles que réunissent trois cents ponts. La gravure que nous mettons ici sous les yeux de nos lecteurs représente un bras de l'Escaut qui est, à proprement

parler, le port de Gand. Il coule presque au centre de la ville, non loin du marché aux grains. Dans le fond, on découvre la belle église de Saint-Michel, avec ses deux tours incomplètes, et, de chaque côté du fleuve, s'élèvent des maisons, à cent formes diverses, dont les toits pittoresques conservent à la ville son cachet du moyen-âge.

Gand a quatre lieues de tour et une population disproportionnée à sa grande superficie, bien qu'on y compte quatre-vingt-deux mille âmes et dix mille maisons. Outre son université, son collége et son séminaire, Gand possède encore une académie royale de dessin, sculpture et architecture, plusieurs établissements littéraires importants, une société d'horticulture; un musée et de nombreuses collections particulières de tableaux et autres objets d'art.

AMSTERDAM.

Amsterdam, que l'on peut considérer comme la capitale du royaume de Hollande, est une ville des plus curieuses. Son nom signifie *digue de l'Amstel*; elle est bâtie sur pilotis, au bord du bras du Zuiderzée appelé l'*Y* ou *Wie*; elle est entourée de fossés et de remparts convertis en boulevarts. Ses environs peuvent être inondés facilement au moyen de ses écluses; des canaux bordés d'arbres la traversent dans tous les sens et forment quatre-vingt-dix îles qui communiquent entre elles par deux cent quatre-vingts ponts, dont le plus beau est celui de l'Amstel. Il a six cent soixante pieds de longueur, soixante-dix de largeur et trente-cinq arches. On admire parmi ses principaux édifices l'ancien hôtel-de-ville, aujourd'hui le palais du roi, la bourse, bâtie dans le style gothique, les hôtels des deux compagnies des Indes, et l'église Sainte-Catherine, appelée aussi l'Église neuve, qui renferme le tombeau de Ruyter et ceux de plusieurs autres hommes célèbres. Cette ville, dont la population est évaluée à deux cent vingt mille âmes, conserve son ancienne réputation pour l'orfèvrerie et la taille des pierres fines. Il entre annuellement dans son port trois mille navires. Ses rues sont bien pavées, garnies de trottoirs, et la nuit éclairées avec soin: celles que l'on nomme le *Heeren-gracht* et le *Keisers-gracht* sont magnifiques, surtout grâce à la richesse des magasins qu'elles renferment. On trouve à Amsterdam quarante-neuf temples et un nombre considérable d'hôpitaux et d'hospices, trois théâtres, dont un français, plusieurs grands établissements d'instruction, tels que l'athénée royal, l'académie des beaux-arts, l'école de navigation, et toutes les collections utiles à l'avancement des sciences et de l'industrie.

Le port d'Amsterdam est une espèce de golfe à deux entrées, diamétralement opposées, qui est subdivisé en sept ou huit petits ports particuliers, séparés les uns des autres par des estacades, sur lesquelles sont pratiquées des chaussées en planches, jointes les unes aux autres par des ponts-levis.

En se plaçant sur une de ces estacades, on aperçoit un des plus beaux spectacles que puissent offrir les ports de mer. Le spectateur a, devant ses yeux, une multitude de vaisseaux, de navires, d'embarcations, de canots, qui se manifestent par une forêt de mâts qui s'étend à perte de vue. Au loin, et au delà de ces flottes nombreuses, des villages pittoresques; ici une ligne de maisons de bois, construites sur des pieux entre lesquels passe la mer; là des cafés, des lieux publics de récréation, établis sur les estacades; plus loin, une galerie d'arcades et de colonnades ioniques et doriques, dont la fraîche couleur ne laisse pas deviner si elles sont de bois ou de marbre, et dont la base cachée paraît être dans les eaux; en deçà, de vastes édifices, et une masse d'arbres qu'on prendrait pour une forêt.

ROTTERDAM.

Rotterdam est une des cités les plus considérables de la Hollande, et la première pour le commerce, après Amsterdam; elle tire son nom de *la Rotter*, rivière qui se jette dans la Meuse, et la communication de toutes deux avec la mer rend la situation de cette ville très favorable à la navigation. On ne saurait dire à quelle époque Rotterdam fut bâtie; on sait seulement que, vers l'année 1270, on l'entoura de remparts. L'entrée de la ville, près de la rivière, par la porte appelée *De nieuwe Hoofds Poort*, est belle, et d'une construction élégante; le nombre des rues plantées d'arbres, présente un gracieux spectacle. Rotterdam offre un aspect des plus intéressants; on aperçoit un mélange de mâts ornés de longues banderoles : ce sont les *Trechtschuitz*, petits bâtiments légers, avec leurs pavillons flottants; puis de belles avenues d'arbres, des maisons richement dorées, ce sont tout à la fois les traits caractéristiques de la campagne, de la ville et de la mer.

Rotterdam. p. 135.

Rotterdam reçoit, au moyen de vastes canaux, des vaisseaux marchands de toutes grandeurs. Ces vaisseaux s'arrêtent devant la porte des boutiques, y débarquent leurs marchandises, en prennent de nouvelles et repartent. Des ponts-levis, mis en mouvement par deux hommes, dont chacun en lève une moitié avec une facilité inouïe, se dressent de chaque côté pour laisser passer les navires, et s'abaissent ensuite pour livrer passage aux gens qui attendent sur les deux rives du canal. Les canaux qui tiennent lieu de rues, les barques qui glissent avec rapidité, qui vont et viennent incessamment, donnent à Rotterdam un aspect qui, seulement sous ce rapport, la rapproche de Venise.

Le Boomquay ou Boompies (quai aux Arbres) est l'endroit le mieux habité de la ville ; il s'étend à peu près un mille le long de la rivière, depuis la nouvelle jusqu'à la vieille tête du quai, deux passages dans lesquels l'eau entre dans Rotterdam, et remplit les canaux ; la perspective de la Meuse et de la rive opposée est d'une grande beauté. Beaucoup de maisons sont bâties en pierres de taille, lesquelles, n'étant pas une production du pays, ont dû être transportées à frais coûteux. On appelle *quai* cette promenade, mais ce n'est à proprement parler qu'une large terrasse plantée d'ormes ; les habitations qui l'entourent peuvent être comparées aux plus beaux hôtels de Paris. Toutes ces habitations présentent un merveilleux ensemble de fraîcheur, d'ordre et de propreté. Sur le Boomquay a résidé le célèbre Bayle, auteur du *Dictionnaire historique et critique*, professeur de philosophie et d'histoire à Rotterdam, exilé de France pour cause de religion. Les habitants de Rotterdam ont consacré le lieu où Bayle a vécu ; son nom y est inscrit en lettres d'or.

On trouve dans plusieurs parties de Rotterdam les traces de l'occupation espagnole. La forme des maisons rappelle la manière de bâtir pratiquée en Espagne; divers édifices, construits à l'époque de cette domination, portent encore des inscriptions espagnoles. Rotterdam est la ville des institutions philanthropiques; il y en a pour tous les usages et de tous les noms; c'est aussi l'une des villes où l'esprit mercantile est le plus actif, la passion du gain la plus effrénée. Rotterdam possède un grand nombre de beaux édifices, dont le principal est la bourse. Parmi les autres, nous citerons l'hôtel-de-ville, les hôtels des compagnies des Indes orientales et occidentales, le palais de l'Amirauté, l'église Saint-Laurent et l'hospice des vieillards. Nous ne devons point oublier non plus la statue en bronze d'Érasme, l'un des hommes célèbres qu'a produits cette ville : elle est sur le grand pont de la Meuse, que l'on nomme la place d'Érasme.

Rotterdam a une *Société batave de philosophie,* qui s'occupe de physique, d'agriculture et d'arts industriels. La population de cette ville est de soixante-six mille âmes.

UTRECHT.

Utrecht, *Ultrajectum,* et plus anciennement *urbs Antonia,* car elle eut les Romains pour fondateurs, est arrosée par le Rhin qui s'y partage en deux bras, auxquels on a donné les noms de Vieux-Fossé et de Fossé-Neuf, qui se réunissent après avoir traversé la ville. Bâtie à l'antique, entourée de remparts et de tours, rien n'égale la beauté de l'aspect de cette cité, surtout du côté d'Amsterdam ; sa forme est presque carrée, ses rues sont larges, coupées par de nombreux canaux. L'édifice le plus remarquable est la vieille cathédrale Saint-Martin, rebâtie au commencement du neuvième siècle, par l'évêque Baldric de Clèves ; une partie tombe en ruines, mais on admire encore sa superbe tour, élevée de près de quatre cents pieds au dessus du niveau du sol. — La province d'Utrecht appartenait autrefois au pays des Bataves ; elle fut comprise ensuite dans celui des Frisons, et convertie à la foi catholique par saint Willibrorde, qui, ayant été ordonné évêque des Frisons, en 696, établit son siége à Utrecht. Charles-Martel, Charlemagne, Othon III, enrichirent successivement les évêques d'Utrecht, devenus souverains temporels. — Utrecht est célèbre par le traité d'union des Provinces-Unies (1579), et par la fameuse paix conclue en 1713, entre Louis XIV et les alliés.

Le Mail, ancienne promenade qui existe encore aujourd'hui à Utrecht, *la ville des Rentiers,* est regardé avec raison, par les habitants, comme une des belles choses de la Hollande. Utrecht possède une université célèbre ; sa cathédrale renferme les cendres de plusieurs empereurs. C'est à Utrecht que naquit le pape Adrien VI. La population de cette ville est de trente-six mille âmes.

Utrecht, p. 126.

LUXEMBOURG.

CAPITALE DU DUCHÉ DE CE NOM.

De jour en jour, la forteresse du Luxembourg qui augmente d'importance, passe pour la plus formidable de l'Europe.

L'histoire de la ville se confond avec celle du château, et réciproquement. Nous ne pouvons donc parler du château sans parler de la ville.

On fait monter la population de la ville haute à six mille ames environ, sans compter la garnison qui, en temps de paix, est de cinq mille hommes, et qui s'élève, dans un cas de guerre, jusqu'à quinze mille.

Presque toutes les rues de la ville haute sont bien alignées et bien percées. Dans le centre, on rencontre une belle place d'armes plantée d'un double rang de marronniers sauvages.

On remarque, entre tous les édifices publics, l'hôtel de ville, qui sert aujourd'hui de siège pour l'administration municipale, et en même temps d'hôtel pour le gouvernement.

La caserne de la maréchaussée était autrefois un vaste petit-séminaire contigu au collège royal.

L'administration militaire des vivres occupe le superbe bâtiment de Grevenhaus.

Près de cet édifice est l'arsenal, où se trouvent et les pièces d'artillerie pour défendre la ville, et des fusils pour armer dix mille hommes.

La plus belle église de Luxembourg est l'église Saint-Pierre, qui possède, entre autres tableaux, celui représentant la fille de Sigefroi, Canigonde, épouse de Henri, duc de Bourgogne, quand elle sort de l'épreuve par le fer chaud, justifiée d'avoir trahi son mari. Cette église possède aussi un autre beau monument, c'est celui érigé en l'honneur du roi Jean, surnommé l'Aveugle. On distingue dans ce monument une excellente sculpture de cinq pleureuses. Il y a peu de rois dont les cendres aient été transférées de tombeaux en tombeaux comme celles du roi Jean. Elles ont été dérangées pendant cinq siècles pour être presque consumées dans un incendie.

La chronique relate que, lors du passage d'un régiment de la Bohème, se rendant par Luxembourg dans les Pays-Bas, et vers l'année 1744, les soldats ayant appris que le sépulcre du roi Jean était à Luxembourg, désirèrent le voir, et ils arrachèrent, à cette visite, un fragment de la pierre sépulcrale, comme étant une précieuse relique qu'ils emportèrent.

Les fortifications de Luxembourg, telles qu'elles sont aujourd'hui, sauf les changements qu'elles ont subis ont été tracées, en 1684, par le fameux maréchal Vauban.

Entre les deux villes basses s'étend le faubourg de Clausen.

On admire, quand on est en face de la porte d'Eich, l'importante enceinte de murailles, au-dessus desquelles se déroule la ville haute, de même que l'on ne voit pas sans plaisir le riche coup d'œil de l'hôpital militaire, qui s'élève comme un géant du centre de chétives maisons.

La ville de Paffenthal, située au nord, fut presque dévorée par les flammes en 1705, et, un siècle après, c'est-à-dire en 1807, la ville de Grund subissait le même sinistre par l'explosion d'un magasin de poudre près la porte de Thionville.

On distingue sur les rochers gigantesques dont est dominée la ville de Grund, les casernes du Rham, gardées d'un côté par des remparts, et de l'autre par des précipices.

Enfin, le faubourg de Clausen renferme les belles ruines du château du comte de Mansfeld, gouverneur de Luxembourg, qu'il y avait fondé en 1665.

Ce faubourg, au seizième siècle, était le dépositaire des antiquités romaines du pays, dont quelques unes sont encore incrustées dans les murs. Charles-Quint dévasta le faubourg en 1561, ainsi que l'abbaye, située sur le vieux Munster. Il ordonna également la démolition de l'antique château de Lützelbourg, comme ayant favorisé la défense de la place.

Malgré ces précautions, l'armée française vint assiéger Luxembourg et le prit. Le duc de Nassau le reprit, et les Français y rentrèrent encore l'année suivante. Enfin, Charles-Quint l'emporta d'assaut en 1544.

La province de Luxembourg a passé sous le gouvernement de comtes particuliers, dont le premier est Sigefroi, fils de Nideric, comte des Ardennes, mort en 998.

Par la faute d'Élisabeth de Gorlitz, veuve du duc Antoine, femme impérieuse, un soulèvement eut lieu dans le duché de Luxembourg pendant son gouvernement. Elle céda ses droits à Philippe, duc de Bourgogne, avec mission de prendre arrange-

Forteresse de Luxembourg p. 128.

ment avec le duc de Brabant, pour les prétentions qu'il alléguait contre elle.

Retirée à Dijon, elle négociait, en 1431, la reprise de son duché, quand se présenta Guillaume, duc de Saxe. Il s'ensuivit une guerre où les Bourguignons eurent le dessus, et le duc de Saxe traita avec le duc de Bourgogne, qui, par suite de l'abdication d'Élisabeth de Gorlitz, devint maître du Luxembourg. Celle-ci se retira à Trèves, où elle mourut en 1451, chargée de dettes et de la haine de son peuple.

A la mort de Charles-le-Téméraire, duc de Bourgogne, arrivée en 1477, le Luxembourg, qui avait perdu ses souverains, tomba dans la maison d'Autriche, par le mariage de Marie, fille unique et héritière de ce prince.

Telle est, en abrégé, l'histoire du Luxembourg, dont la Hollande et la Belgique se sont naguère dispensé la possession.

ANGLETERRE.

LONDRES.

L'immense ville de Londres (London) se déploie majestueusement sur les deux rives de la Tamise, dont les eaux sont en tout temps couvertes de navires, et dont les bords présentent l'étonnant spectacle d'une population innombrable, sans cesse occupée à charger et à décharger les marchandises. Elle est la ville la plus populeuse de l'Europe, et la plus commerçante de l'univers; sa population dépasse 1,600,000 âmes; le mouvement commercial de son port emploie 3,000 barques, 8,000 mariniers et 4,000 portefaix; sur ses quais, ses bassins et ses canaux, 15,000 bâtiments sont amarrés à la fois; plus de 900 bateaux à vapeur y arrivent et en sortent annuellement. On a calculé que la valeur des marchandises embarquées et débarquées s'élève chaque année à 70 millions de livres sterlings : cette somme comprend principalement le commerce extérieur; quant à celui de l'intérieur, il emploie 4,000 chariots et autres voitures, portant pour environ 50,000,000 de livres sterlings, et, si l'on y ajoute 10,000,000 au moins pour le bétail et pour les marchandises transportées par diverses autres voies, telles que 1,500 voitures par jour partant à heures fixes, sans compter les malles-postes, on aura un total de 130,000,000 de livres sterlings, ou 3,250,000,000 de francs, formant le montant du commerce annuel de cette capitale.

Les successeurs de Guillaume-le-Conquérant accordèrent aux bourgeois de Londres le droit d'élire un schériff et un justicier, en se réservant le choix du *port-reeve* ou du maire; mais, sous le roi Étienne, la cité acheta le droit d'élire tous ses magistrats; dès le règne de Richard Cœur-de-Lion, elle jouissait de presque tous les avantages et de toutes les libertés qu'elle a conservés jusqu'à ce jour; sous Élisabeth, la cité de Westminster passa du gouvernement de son abbé à celui d'officiers civils; enfin, sous Charles Ier et ses successeurs, Londres vit ses franchises assurées et son intérieur s'embellir.

La circonférence irrégulière de Londres est évaluée à onze lieues.

Londres, p. 130

La Tour de Londres, p 131.

Cette ville est remarquable par la beauté de ses bassins ou *docks*, la régularité de ses places ou *squares*, dont le centre est composé de jardins entourés de grilles; la superficie qu'elle occupe, la multitude de ses rues, dont le nombre s'élève à 9,000, la plupart propres et ornées de trottoirs.

Les rues de Londres sont généralement larges : il y en a très peu où deux voitures ne puissent passer à la fois; dans beaucoup d'autres, cinq ou six pourraient marcher de front; les plus étroites sont dans la Cité, le quartier de Londres le plus central. Les plus belles sont : Oxford-street, Piccadilly, Pall-Mall, Portland-place, Haymarket et Regent-street; cette dernière est sans égale, en Europe, par la magnificence de ses constructions. Les plus étendues sont : le Strand, rue longue de 1,369 mètres; Edgeware-road, de 1,397; City-road, de 1,690; Piccadilly, de 1,694; Regent-street, de 1,732; Oxford-street de 2,304, et Commercial-road, de 5,280 mètres. Toutes ces rues sont, depuis plusieurs années, pavées en cailloux à la Mac-Adam. Edgeware-road, City-road et Commercial-road sont à la fois des rues et des promenades.

Mais les promenades les plus belles et les plus fréquentées sont les quatre suivantes : Saint-James-park, où l'on voit une énorme pièce de canon rapportée d'Alexandrie, ainsi que le mortier-monstre fondu par les Français pour le siége de Cadix, en 1812; Green-park, ou le parc vert, séparé du précédent par une grille; Hyde-park, où l'on a placé une statue colossale du duc de Wellington, représenté sous les traits d'Achille. La belle avenue d'arbres, qui unit ces trois parcs, porte le nom de Constitution-Hill. A l'extrémité et vers le nord-est de Londres se trouve l'immense enclos de Regent's-park, dont l'étendue est de 450 arpents; on y remarque une construction que ses dimensions ont fait nommer le Colosseum: il renferme une promenade couverte et le grand panorama de Londres.

Londres contenait, il y a quelques années, 200,700 maisons, 125 églises paroissiales, 70 squares et 14 marchés. Au nombre des principaux squares, celui de Grosvenor doit être mis au premier rang : sa superficie est de 2 hectares; le centre est occupé par la statue équestre de Georges II; les habitations qui l'entourent sont les plus élégantes de la capitale.

Une petite place mérite d'être citée : c'est celle sur laquelle s'élève le Monument, magnifique colonne de 202 pieds anglais de hauteur, érigée en mémoire du terrible incendie qui, en 1666, consuma la plus grande partie de Londres. La plus vaste place est celle de Smithfield, où l'on vend tous les bestiaux qui se consomment dans cette ville immense. Plus remarquable par sa construction, le marché de Covent-Garden est bâti en granit.

Des sept magnifiques ponts qui traversent la Tamise, large à Londres de 400 mètres, le plus remarquable par sa grandeur et sa beauté est celui du Strand ou de Waterloo, bâti en granit. On admire dans celui de Southwark, construit en fer, l'arche du milieu, qui est une des plus larges que l'on connaisse; le nouveau pont de Londres surpasse, par le développement de ses arches, tous ceux qui existent; mais ce qui excitera l'admiration, c'est le passage souterrain, appelé Tunnel, qui sert à communiquer en voiture et à pied de l'une à l'autre rive de la Tamise.

Parmi les constructions les plus intéressantes nous citerons les suivantes :

La Tour-de-Londres (Tower) et les vastes bâtiments qui en dépendent renferment un arsenal, une ménagerie, une grande collection d'armes antiques, et le trésor des diamants de la couronne ; mais dans la soirée du 30 octobre 1841, un terrible incendie détruisit presque complétement le grand magasin et la salle des armures ; un grand nombre de drapeaux étrangers et plus de 200,000 fusils ont été la proie des flammes. L'abbaye de Westminster, l'un des plus beaux édifices gothiques de l'Europe, et depuis longtemps réservée à la sépulture des rois et des grands hommes. L'église Saint-Paul est construite sur le modèle de Saint-Pierre de Rome; celle de Saint-Étienne de Walbrook est un monument plein de grâce et d'élégance. On doit citer encore le palais de White-Hall, où l'on montre la fenêtre devant laquelle s'éleva l'échafaud de Charles Ier; l'hôtel de la banque, remarquable par sa façade et son étendue ; Mansion-house, ou l'hôtel du lord-maire, orné d'un portique majestueux ; le bel hôtel de la compagnie des Indes orientales ; la bourse (Royal-Exchange), vaste bâtiment carré, orné de portiques; le nouvel hôtel des monnaies, le bâtiment de la poste (General Post-Office), l'hôtel de la douane, le palais de Saint-James ; enfin, Somerset-house, édifice dans lequel la société royale et celle des antiquaires tiennent leurs séances. Le vieux palais de Westminster (Westminster-Hall), auquel se rattachent tant de souvenirs, et dans lequel s'assemblait le parlement, a été détruit par un incendie, le 15 octobre 1834. Mais on a terminé le nouveau palais du roi (King's-palace), dans Saint-James-park : le toit et les colonnes de cet édifice sont en fer de fonte ; il est décoré d'un arc de triomphe en marbre, sur lequel s'élève une statue équestre de Georges IV.

On compte à Londres 13 théâtres.

Le musée britannique, construit par Pierre Pujet, de Marseille, sur le plan des Tuileries. Il offre des collections fort intéressantes entre autres, une bibliothèque composée de 322,000 imprimés, de 22,000 volumes de manuscrits, et de 20,000 chartes ou autres documents originaux. La galerie d'antiquités renferme plusieurs objets uniques, tels que les marbres de Rosette, ceux d'Elgin, et la tête colossale dite du jeune Memnon; celles destinées aux objets d'histoire naturelle contiennent aussi des objets précieux.

Outre cet établissement, nous mentionnerons la collection de tableaux appelée galerie nationale; le musée phelloplastique où l'on voit les modèles en liége des plus célèbres monuments antiques; les galeries anatomiques du collége royal des chirurgiens, le musée naval et terrestre, et les belles collections de la société zoologique de Londres, dont la ménagerie renfermait, en 1835, 1,034 animaux vivants.

On compte, à Londres, 16 écoles de médecine et autant d'écoles de droit, 5 de théologie, 18 bibliothèques publiques, 300 écoles gratuites élémentaires, dans lesquelles 16 à 18,000 enfants des deux sexes sont instruits et habillés.

Les sociétés savantes sont aussi fort nombreuses : ainsi, nous citerons la société royale de Londres, celle des antiquaires, les Académies royales des arts et de peinture, la société linnéenne, les sociétés phrénologique, géologique, zoologique et antomologique; celle de mathématiques, celle de minéralogie; celle des pharmaciens, qui possède un superbe jardin botanique; celle d'horticulture, celle de statistique, celle de géographie, celle de Palestine, destinée au perfectionnement de la géologie et de l'histoire naturelle en Syrie et en Palestine; celle pour l'encouragement des arts, des fabriques et du commerce; la société royale asiatique, la société biblique, celle pour l'encouragement des découvertes dans l'intérieur de l'Afrique.

Pour le soulagement des malheureux, on entretient dans cette ville 147 hôpitaux ou hospices, et 30 dispensaires où l'on donne gratuitement aux pauvres les consultations et les médicaments, et pour la tranquillité des habitants, 14 prisons saines, vastes et tenues, sous les rapports matériels et moraux, avec une supériorité de vues, qui fait honte à la plupart de celles de l'Europe.

Londres offre une foule de refuges aux individus livrés au vol et à la débauche. Suivant le rapport de l'un de ses magistrats, 20,000 individus s'y lèvent chaque jour sans savoir comment ils se procureront leur nourriture et où ils trouveront un gîte. Ce nombre ne comprend encore que ce qu'on pourrait appeler des chevaliers d'industrie : il faut y ajouter 16,000 mendiants et 115,000 voleurs ou filous, enfin, 3,000 recéleurs. La totalité des domestiques des deux sexes, sans place, est de 10,000. On y compte 75,000 filles publiques, 5,000 cabarets suspects et 43 maisons de jeu.

Londres est la patrie d'un grand nombre d'hommes illustres; il suffit de citer Milton, François Bacon, Thomas Morus, Halley, Pope, Hampden et Temple.

Les quartiers sur la rive gauche de la Tamise appartiennent au comté de Middlesex ; ceux de la rive droite, au comté de Surrey.

Le bourg le plus remarquable de ce dernier comté est Richmond, qui possède un ancien château royal avec un observatoire.

MANCHESTER. — LIVERPOOL.

Manchester est, après Londres, la ville la plus manufacturière des trois royaumes. 60 millions de kilogrammes de coton y prennent toutes les couleurs, tous les degrés de finesse et tous les genres de tissus; on y fabrique aussi des soieries, des chapeaux et divers produits chimiques. En 1757, elle renfermait à peine 20,000 âmes ; en 1824, elle en avait huit fois plus; aujourd'hui elle compte près de 200,000 habitants. Elle doit cet accroissement prodigieux à sa situation au point de réunion de quatre canaux sur le bord de l'Irwel, dont les eaux sont excellentes; aux houillères, aux mines de fer, aux forges, aux diverses usines qui l'entourent, et au chemin de fer qui la met en communication continuelle avec Liverpool. Manchester occupe l'emplacement d'une station romaine *Mancunium*; sa vaste étendue renferme 30,000 maisons formant plus de 600 rues, dont plusieurs sont étroites, mal bâties et mal pavées, mais qui sont éclairées par environ 400 becs de gaz hydrogène. L'Irwel la divise en deux parties inégales, dont la plus considérable s'étend sur la rive gauche; cinq ponts, dont un très beau, unissent ces deux parties. Les quartiers nouveaux sont bien bâtis : on distingue surtout, pour l'élégance de leurs constructions, Portland-Place et Mosselystreet. Parmi ses 16 églises, celle du Christ et celle de Sainte-Marie se font remarquer. La banque, dont l'architecture est d'ordre dorique, présente une belle et imposante façade; le Portique, construit aussi dans le style grec, contient un cabinet littéraire et une bibliothèque de 20,000 volumes.

Manchester possède un théâtre, une salle de concert pour 1,200 personnes, et beaucoup d'établissements d'instruction et de bienfaisance.

Liverpool ne le cède aussi qu'à Londres pour l'étendue et la prospérité de son commerce. On y compte plus de 237,000 habitants. L'embouchure du Mersey lui sert de port: elle y reçoit annuellement 30,000 bâtiments. Ses importations en coton seulement sont de 7 à 800,000 balles. Rien de plus magnifique que ses immenses magasins : 3,000 ouvriers y sont employés. Au port sont annexés huit docks ou bassins, dont le plus grand peut contenir jusqu'à 100 navires à flot. La ville s'étend sur le bord oriental de la rivière et se divise en deux quartiers. La vieille ville n'est composée que de rues étroites; la nouvelle offre de belles maisons, à la vérité bâties en briques, mais couvertes d'ardoises; ses rues sont spacieuses, aérées, bien pavées, et le soir éclairées par le gaz. Ses édifices publics sont beaux : l'un des plus remarquables est l'hôtel-de-ville, décoré de colonnes corinthiennes et couronné par une coupole, surmontée d'une statue qui représente la Grande-Bretagne, portant, au haut d'une lance, l'emblème de la liberté. La place sur laquelle s'élève cet édifice, en offre un autre non moins considérable : c'est le palais de la bourse, au centre duquel s'élève un monument à la mémoire de Nelson.

Liverpool possède de belles églises, entre autres celle de Saint-Paul et celle de Saint-Georges : cette dernière est surtout remarquable en ce que les portes, les fenêtres, les toits, les pilastres et plusieurs autres parties sont en fer fondu.

La douane est une des plus magnifiques constructions que l'on puisse voir en ce genre; nous en dirons autant du marché, dont le toit est soutenu par 120 piliers en fonte. Enfin, une construction que nous ne devons point passer sous silence, est le Tunnel ou la route souterraine du chemin de fer qui aboutit au port : il consiste en une magnifique galerie qui traverse toute la ville, à 60 pieds au dessous du sol, sur une longueur de 6,920 pieds, une largeur de 22, et une hauteur de 16; ce souterrain, qui renferme deux routes en fer, est éclairé par le gaz hydrogène.

Les établissements de bienfaisance de Liverpool sont nombreux et bien dotés : le dispensaire est un des plus importants.

DOUVRES.

L'admirable situation de la ville de Douvres au milieu d'une riche vallée abritée par un demi-cercle de montagnes, les bois dont elle est entourée, son immense baie, la beauté et la fraîcheur du paysage qui l'environne, en font une des cités les plus remarquables de l'Angleterre.

Au temps de Jules-César, les habitants de Douvres et de ses environs, malgré la civilisation peu avancée du pays, montrèrent un sentiment patriotique fort rare alors : ils coururent aux armes, se réunirent, marchèrent avec résolution contre le vainqueur des Gaules, et les succès qu'ils obtinrent ralentirent la rapidité de l'agression. Toutefois, les Romains se rendirent maîtres du pays, et Jules-César, ce grand constructeur de forteresses, voulant assurer la liberté des communications entre l'Angleterre et le continent, fit élever le château de Douvres dont les restes sont encore debout.

Douvres a conservé jusqu'à nos jours son importance primitive; cette ville est toujours un des cinq principaux ports de l'Angleterre; c'est toujours de là qu'en cas de guerre avec la France partent les expéditions les plus redoutables; et il serait impossible de trouver sur la côte un point plus propice à l'armement d'une flotte. C'est à Douvres qu'en 1189 s'embarqua Richard Ier, surnommé Cœur-de-Lion, pour entreprendre la conquête de la Terre-Sainte. Plus tard, Jean-sans-Terre rassemblait toutes ses forces à Douvres, pour s'opposer au débarquement de Philippe-Auguste. En 1216, Louis, dauphin de France, fils de Philippe-Auguste, auquel il succéda plus tard sous le nom de Louis VIII, débarqua, à la tête d'une armée formidable, sur les côtes de l'Angleterre, s'empara de plusieurs places fortes et pénétra jusque dans la ville de Douvres; mais le château résista aux attaques des Français, qui se virent forcés d'en lever le siège. Il en fut de même sous le règne d'Édouard Ier, époque à laquelle les Français se rendirent de nouveau maîtres de la ville, en incendièrent plusieurs quartiers, et furent néanmoins forcés de se retirer, après avoir éprouvé des pertes considérables sous les murs du château.

On cite entre autres événements historiques qui font de Douvres une cité célèbre, l'entrevue de l'empereur Charles V et du roi Henri VIII, qui s'y rencontrèrent en 1520, et les adieux qu'y fit le prince régent, depuis Georges IV, au roi Louis XVIII, quittant l'Angleterre, en 1814, pour remonter, après vingt-cinq

Douvres, p. 137.

Édimbourg, p. 138.

ans d'exil, sur le trône de ses ancêtres. La réponse que lui adressa Louis XVIII est digne d'attention : « C'est aux conseils « de votre altesse, à ce glorieux pays et à la confiance de ses « habitants, que j'attribuerai toujours, après la divine Provi- « dence, le rétablissement de notre maison sur le trône de ses « ancêtres, etc. » Pour un prince à qui on accordait de l'esprit et du tact, c'était manquer de l'un et de l'autre dans cette circonstance ; c'était blesser le peuple, en lui rappelant qu'il recevait un roi de la main de ses ennemis.

Douvres est bien bâtie. Du sommet des montagnes qui l'entourent, on aperçoit les côtes de France. Mais ce qui attire particulièrement l'attention, c'est la citadelle, bâtie sur l'emplacement de l'ancien château, au sommet du Shakspeare, rocher qui n'a pas moins de cinquante pieds d'élévation au-dessus du niveau de la mer, et au milieu duquel est taillé, en forme de spirale, un double escalier en forme de puits, et par lequel le château communique avec la ville.

Cette forteresse fut emportée par surprise sous le règne de Charles Ier, par un chef de partisans nommé Drake, qui, à la tête de douze hommes déterminés, escalada le rocher, pénétra dans la place, et y répandit une si grande terreur, que la garnison, croyant avoir toute une armée sur les bras, se soumit sans résistance. Aujourd'hui que la citadelle est armée de manière à résister à la flotte la plus formidable, un pareil événement serait impossible, et, en cas de guerre, les habitants de Douvres, protégés par les canons du château, n'auraient rien à redouter des efforts de l'ennemi.

ÉDIMBOURG.

ÉCOSSE.

Edimbourg est bâtie sur trois collines, près du bord méridional du golfe de Forth. Elle se divise en deux quartiers principaux : la vieille et la nouvelle ville. De tous côtés, excepté au nord, elle est dominée par les rochers de Salisbury. Les ruines de la célèbre abbaye d'Holyrood, fondée en 1128, par David Ier ; le palais du même nom, bâti sur une partie du terrain qu'occupait cet antique monastère, et qui fut, en 1830, l'asile de Charles X et de sa famille ; l'ancien palais du parlement, la bourse ; la vieille cathédrale, l'édifice gothique, remarquable par sa légèreté ; le bâtiment des archives, celui de l'université ; la chapelle construite, sur le modèle du Panthéon d'Athènes, à la mémoire des Écossais morts dans les champs de Waterloo ; la tour de style chinois, érigée en l'honneur de l'amiral Nelson, sur la colline de Culton-hill ; celle qui, servant de tombeau au savant géologiste Playfair, couronne ce rocher; enfin, le château, ancienne forteresse, sont les principales constructions de cette capitale.

La circonférence d'Edimbourg est de quatre lieues; ses principales rues sont éclairées au gaz, et ses établissements d'instruction ou de bienfaisance très nombreux. Son université compte plus de 2,000 étudiants, qui ont à leur disposition une bibliothèque de 50,000 volumes, un beau musée, un jardin botanique et un amphithéâtre pour suivre les cours.

On y compte 60 églises et chapelles, 14 banques, 2 théâtres, 25 sociétés savantes, un grand nombre d'associations utiles, 11 hôpitaux, 60 maisons de charité, 7 bibliothèques, et l'on y publie 11 journaux.

DUBLIN.

IRLANDE.

Dublin, capitale de l'Irlande, élevée au fond d'une baie magnifique, est une des plus belles villes de l'Europe. La rivière du Liffy, qui la traverse, contribue à sa salubrité. Sa situation a fait comparer son aspect à celui de Naples : la beauté de ses quais lui donne quelque ressemblance avec Paris. Sa partie méridionale est composée de rues tortueuses qui annoncent son ancienneté. Le quartier opposé, ou le plus moderne, renferme ses principaux édifices : on pourrait citer parmi ceux-ci le château où siége le gouvernement, la bourse, l'hôtel de la banque, celui du timbre, et le magnifique collége de la Trinité. L'ancien quartier l'emporte sur le moderne par sa richesse. La douane est un magnifique édifice dont la construction a coûté plus de douze millions de francs; la bourse est remarquable par sa façade ornée d'un péristyle, et devant laquelle s'élève une statue de Georges III, en bronze; le palais-de-justice est un grand bâtiment dont le dôme domine toute la ville; l'ancien couvent de la Trinité, où est établie l'université, a toute la magnificence d'une demeure royale. On voit le tombeau de Swift dans la cathédrale appelée aussi l'église Saint-Patrick. Le Gazon de Saint-Etienne est la plus belle place de Dublin : elle a près d'une demi-lieue de circonférence.

Avec une population d'environ 230,000 âmes, la capitale de l'Irlande possède plus d'établissements de bienfaisance

Dublin, p. 139.

que plusieurs capitales plus peuplées : leur nombre se monte à 250.

Cette ville fabrique des toiles, des cotonnades, des tissus de laine, des tricots et des soieries ; son commerce est considérable.

PÉNINSULE IBÉRIQUE.

MADRID.

Contrairement à ce qu'on voit dans la plupart des pays, Madrid n'est pas, à beaucoup près, d'aussi antique origine que la plupart des villes espagnoles dont elle est aujourd'hui la capitale. Inconnue au temps des Romains, elle n'était, sous la domination des Visigoths, qu'un chétif village. Plus d'un siècle s'était encore écoulé depuis l'arrivée de nouveaux maîtres, sans que la future métropole des Espagnes fût sortie de sa condition obscure, lorsque les Arabes pensèrent que des collines assises sur les bords du Marçanarès, au milieu de l'immense plaine de Castille, formaient un lieu favorable pour l'établissement d'une ville. Madrid reçut donc des accroissements considérables, et les fortifications dont elle fut envi-

Madrid, p. 140.

ronnée en firent bientôt une position militaire importante. Aussi, les chrétiens, descendants des Visigoths, et les Arabes s'en disputèrent-ils vivement la possession. Les chrétiens s'en emparèrent dans le cours du dixième siècle; toutefois, n'espérant pas pouvoir la conserver, ils la ravagèrent et en abandonnèrent les débris.

Rentrés dans la ville, les Maures relevèrent ses murailles et réparèrent ses ruines; mais à peine l'avaient-ils remise dans une situation florissante, que les chrétiens revinrent recueillir les fruits de l'activité et de l'industrie arabe. Comme les Maures se retiraient déjà des contrées septentrionales de l'Espagne pour se concentrer dans les provinces du Midi, Madrid demeura, dès lors et définitivement, acquise aux souverains de la Castille. Elle ne sortit qu'un moment de leurs mains par une circonstance assez singulière.

Un roi chrétien d'Arménie, Léon V, chassé de ses États par les infidèles, était venu se réfugier en Espagne; le roi Jean Ier, voulant le dédommager des pertes ainsi éprouvées pour cause de religion, lui donna Madrid et quelques autres petites villes. Les habitants de Madrid murmurèrent de se voir ainsi les objets d'une libéralité faite à un étranger; mais la mort de l'Arménien (1311) mit fin à leurs plaintes, en les replaçant sous le sceptre de leurs princes naturels.

Ce ne fut qu'au commencement du seizième siècle, à l'avénement de Charles-Quint au trône d'Espagne, que Madrid, qui s'était peu à peu agrandie, fut élevée au rang de capitale. Sous l'influence du cardinal Ximénès, elle avait reconnu, des premières, l'autorité du nouveau roi : Charles-Quint, en récompense, la choisit pour le lieu de résidence de sa cour pendant les visites qu'il faisait en Espagne.

Philippe II, successeur de Charles-Quint, ayant songé à transporter le siége du gouvernement royal, les habitants de Madrid réclamèrent et supplièrent; et comme ils appuyèrent leur requête d'un présent de 250,000 ducats, le roi trouva leurs prétentions légitimes. Madrid a conservé le titre et le rang de capitale qu'elle a ainsi achetés, et dont une ordonnance royale de Philippe II la déclara en possession permanente; mais les avantages qu'elle en a retirés ne l'ont point démesurément élevée : elle n'est, sous aucun rapport, aussi absolument hors de ligne et de proportion relativement aux autres villes de l'Espagne, que Paris, Londres, Saint-Pétersbourg et Vienne peuvent l'être à l'égard du reste de la France, de l'Angleterre, de la Russie et de l'Autriche.

Ne renfermant guère, dans une circonférence d'environ deux lieues, que 500 rues, 8,000 maisons, 40 places et 200,000 habitants, Madrid n'est remarquable ni par la magnificence de ses hôtels privés, ni par le nombre, ni par la splendeur de ses édifices publics, et l'on n'y trouve presque à recommander à l'admiration que le palais du roi, une des plus pompeuses résidences royales de l'Europe, le musée des Arts, la porte triomphale d'Alcala, le pont de Tolède sur le Mançanarès, et la belle promenade du Prado. Sous un seul de ses aspects, peut-être, Madrid se présente avec un caractère imposant de grandeur et se révèle comme ville capitale : c'est du point de vue où nous mettons nos lecteurs, de la place, ou pour mieux dire, du carrefour, dont la célébrité est européenne sous le nom de la *Puerta del Sol*, la Porte du Soleil. Cette place à laquelle la désignation de *porte* est restée attachée en souvenir du temps où elle formait une des barrières de la ville, au centre de laquelle elle se trouve aujourd'hui, est un point où viennent aboutir cinq des plus belles rues de Madrid. Une fontaine circulaire (la fontaine du Bon Succès), étrange dans ses formes et bizarre dans ses ornements, un édifice carré, plein de majesté et de force, et bien isolé (hôtel des postes), et une église d'un dessin original, enrichissent la Porte du Soleil ; mais ces décorations font moins pour sa beauté grandiose que les cinq magnifiques avenues par lesquelles les regards vont se perdre au loin dans les profondeurs de la ville, et dont l'une, la rue d'Alcala, peut recevoir dix voitures roulant de front.

Spacieuse, bien aérée, bien découverte, occupant une position centrale, étant, pour ainsi dire, un bassin où cinq des principaux canaux de Madrid viennent verser leurs flots de population, la Porte du Soleil est la promenade de prédilection des Madrilènes ; et comme lieu de rendez-vous national, elle s'est fait une réputation analogue, sous ce rapport, à celle du Palais-Royal. C'est là que s'échangent de bouche en bouche les nouvelles générales, les *on dit* de la capitale de l'Espagne ; c'est là qu'on se cherche et qu'on se trouve, qu'affluent autour de la fontaine, les badauds, les oisifs, et que les lazzaroni espagnols se plongent dans une molle langueur sous les rayons du soleil. C'est là aussi que se rassemble la population lorsque quelque mécontentement l'agite, et de la Porte du Soleil part toujours le signal des commotions populaires.

Madrid, élevée d'environ 2,000 pieds au dessus du niveau de la mer, est située au bord du Mançanarès, sur des collines de peu de hauteur, dans la plaine si vaste de la Castille. Les champs autour d'elle sont secs, arides, sablonneux, désolés, et son enceinte renferme les seules plantations d'arbres, la

Recueil, p. 142.

seule fraîche verdure qu'on puisse découvrir à plusieurs lieues à la ronde.

L'ESCURIAL.

La bataille de Saint-Quentin avait eu lieu le 10 août 1557, jour de la fête de saint Laurent. Philippe fit vœu d'élever un monument à ce saint, en mémoire de la victoire qu'il avait remportée le jour de sa fête. Charles-Quint mourut l'année suivante, laissant à son fils le soin de régler tout ce qui concernait sa sépulture. Philippe conçut alors le projet d'élever un édifice qui aurait plusieurs destinations, en même temps qu'il satisferait au vœu qu'il avait fait en l'honneur de saint Laurent; cet édifice, c'est l'Escurial, où se trouvent réunis un couvent dans lequel sont logés deux cents hyéronimites; une église bâtie sur le plan de Saint-Pierre de Rome; une sépulture royale, une bibliothèque, enfin un palais qu'habite non seulement le roi, mais encore les infants et toute leur suite, lorsque la cour vient à cette résidence royale.

La ville d'Escurial, dont le palais a pris le nom, est située sur la Guadara, à dix lieues de Ségovie et à six lieues de Madrid; la chaîne de montagnes qui l'avoisine et qui sépare les deux Castilles, renfermait autrefois des mines de fer qui ne sont plus exploitées, et c'est de là que lui est venu le nom d'*Escurial*, par corruption du mot *escorias* (mine épuisée). Le site est sain et d'un aspect agréable; l'édifice élevé par Philippe II forme un parallélogramme flanqué, à chaque angle, d'une tour carrée : le principal architecte fut Jean-Baptiste de Tolédo; on lui adjoignit Jean de Herrera, son disciple, et Fray Antonio de Villacastins, hyéronimite, les aida de ses conseils. Il fallut trente-huit ans pour terminer cet immense édifice, et la dépense s'éleva à 5,260,560 ducats, ce qui représente de notre monnaie 62,758,480 francs.

Le palais de l'Escurial, qui, ainsi qu'on vient de le dire, se compose d'un ensemble de bâtiments ayant une destination différente, mais parfaitement bien coordonnés entre eux, est un des plus vastes, des plus beaux et des plus riches édifices qui existent en Europe; il est orné des productions des peintres les plus célèbres d'Italie, d'Espagne, d'Allemagne et de Flandre, tels que Massaccio, Raphaël, Léonard de Vinci, Titien, Corrège, Van Dyck, Rubens, Albert Durer, etc.; la façade de l'église, qui occupe le centre des bâtiments, est ornée de six statues colossales représentant des rois de l'Ancien-Testament.

Commencé sous le règne de Philippe II, continué sous Philippe III, l'Escurial n'a été complétement terminé que sous Philippe IV; en 1671, il fut la proie d'un violent incendie, mais il fut promptement réparé par les soins de Charles II.

Les deux victoires les plus célèbres remportées par les Espagnols sur les Français, sous Charles-Quint et Philippe II, ont donné lieu à l'érection de deux monuments bien différents : l'un, c'est l'Escurial ; l'autre, c'est une église à Pavie, où l'on a recueilli les ossements de tous ceux qui périrent dans la bataille donnée sous les murs de cette ville : là, gissent réunis tous ceux que la fureur de la guerre animait les uns contre les autres ; le pavé est formé de crânes ; les tibias et les fémurs sont superposés le long des murailles, et les ossements des généraux, en forme de pyramides terminées par des armures, forment des espèces de trophées qui ornent ce lugubre ensemble

BARCELONNE.

Capitale de la Catalogne, l'une des provinces les plus riches, les plus peuplées, les plus belles et les plus industrieuses de l'Espagne, Barcelonne est digne d'occuper ce haut rang qu'elle a enlevé à Tarragone la romaine. C'est à une antiquité très reculée, à deux siècles et demi environ avant l'ère chrétienne, qu'il faut remonter pour trouver la date de son origine. Cette origine était glorieuse. Barcelonne, ainsi que le constate encore son nom, dérivé de *Barcina*, eut pour fondateur le chef de la célèbre famille carthaginoise de Barca, Hamilcar, le père d'Annibal.

S'appuyant aux Pyrénées, et formant ainsi une des parties les plus septentrionales de l'Espagne, une des plus liées au reste de l'Europe, la Catalogne est aussi une des provinces espagnoles dont l'histoire offre le plus de variété et d'intérêt. Avant les Carthaginois, sa vaste étendue (elle a quarante-quatre lieues du nord au sud, et quarante lieues de l'est à l'ouest) était partagée entre plusieurs nations barbares. La première de toutes les provinces de l'Espagne, elle passa sous la domination des Romains ; ils la gardèrent la dernière, non seule-

Barcelonne, p. 143.

ment en raison de sa situation géographique, mais encore parce qu'ils ne se résignèrent que difficilement à quitter une conquête si belle. Les Goths, qui en avaient chassé les Romains, ne la conservèrent pas longtemps; et après qu'elle eut reçu des maîtres de l'Italie et du nord de l'Europe, il lui en vint de l'Asie et de l'Afrique. Comme le reste de l'Espagne, elle devint la possession des Arabes après la bataille de Xerez-la-Frontera. Le règne de ces nouveaux dominateurs n'eut pas non plus une longue durée dans la Catalogne : l'invasion arabe en Europe recula après la bataille de Poitiers; force lui fut de repasser les Pyrénées, et bientôt même elle fut refoulée peu à peu vers le midi de l'Espagne. Charles-Martel avait arrêté les progrès des Maures en France, et ce fut encore un prince de sa race qui leur enleva la Catalogne. Leur retraite ouvrit une nouvelle période dans l'histoire de cette province : placée sous une autorité domestique, délivrée de l'oppression étrangère, elle atteignit un degré extraordinaire de force et de prospérité; elle conquit la Sicile, la Sardaigne, lutta avec l'empire d'Orient et s'empara d'une partie de la Grèce, tandis que les arts et les lettres florissaient dans son sein, de manière à la mettre en rivalité avec la civilisation que les Maures répandaient à l'autre extrémité de l'Espagne. Ce n'est pas que la paix fût permanente dans la Catalogne: fiers, indépendants, prompts à la colère et à la révolte, les Catalans furent souvent en lutte ouverte contre leurs souverains particuliers et contre la couronne d'Espagne, à laquelle ils furent plus tard rattachés. Toutes les commotions qui ébranlèrent l'Espagne eurent dans la Catalogne plus de retentissement que partout ailleurs, et de nos jours encore les commotions politiques qui agitent la Péninsule y font fermenter les passions populaires avec une extrême énergie.

Ce rapide sommaire des fastes catalans est le résumé de l'histoire de Barcelonne, l'âme et le centre du pays. Dans cette ville se dénouaient tous les grands événements qui concernaient la province, et elle ressentait profondément l'influence de la prospérité générale ou des calamités publiques. Aussi a-t-elle été le champ de bataille où se sont décidées toutes les guerres dans lesquelles la Catalogne s'est trouvée engagée, et le nombre des siéges qu'elle a dû soutenir, et qu'elle a soutenus avec une valeur opiniâtre, dépasse toute croyance.

La plus renommée des résistances qui ont illustré Barcelonne est celle qu'elle opposa, en 1714, au maréchal Berwick. Dans la fameuse guerre de la succession, la Catalogne avait pris parti pour l'archiduc, fils de Léopold, et depuis empereur d'Allemagne sous le nom de Charles VI. Toute l'Espagne était déjà soumise à Philippe V, que Barcelonne tenait encore pour le prince allemand. Pendant plus d'une année, l'armée franco-espagnole, commandée par le maréchal duc de Berwick, fut arrêtée devant les murailles de la ville. Fanatisée par les moines, la population luttait avec un courage héroïque ; les femmes et les enfants montaient sur la brèche, se ralliant autour d'un drapeau noir parsemé de têtes de mort, en signe de leur résolution désespérée. La tranchée était ouverte depuis plus de trois mois ; cent mille boulets et quarante mille bombes avaient ravagé la ville, plusieurs assauts avaient été livrés et repoussés, lorsque les Français purent enfin entrer dans la place. A ses beaux faits d'armes, Barcelonne joint encore d'autres titres d'illustration : elle fut un des berceaux de la *gaie science*, et la cour de ses princes, qui s'enorgueillissaient du nom de troubadours, était une des plus brillantes et des plus policées de toute l'Europe.

Cette ville célèbre est assise dans la situation la plus heureuse, sur le bord de la mer. Encadrée au nord par une chaîne de montagnes, protégée au midi par une hauteur solitaire, qui a changé son nom latin de *Mons Jovis* en celui de Mont-Jouy, elle occupe l'extrémité d'une belle et fertile vallée, qu'arrosent les eaux du Bessos et du Llobregat, et qu'enrichissent des maisons de campagne, des vergers et des jardins multipliés avec une extrême profusion. Au temps des Carthaginois, Barcina couvrait seulement la cime et les flancs d'une colline qui forme aujourd'hui à peu près le point central de la ville. Sous les Romains, qui la surnommèrent *Pia*, *Favientia*, *Augusta*, elle commençait déjà à se répandre dans la vallée ; mais les guerres étrangères, les invasions qu'elle eut à subir pendant des siècles, arrêtèrent son essor. Ce ne fut que beaucoup plus tard, et lorsque la condition d'État indépendant fut assurée à la Catalogne, que Barcelone s'agrandit de nouveau ; de vieilles portes garnies de leurs tours gothiques, que l'on voit encore dans l'intérieur de la ville, peuvent servir à mesurer les progrès qu'elle a faits. Les maisons particulières de Barcelonne, dont l'aspect lointain est agréable et en même temps majestueux, sont généralement bien alignées, bien bâties, d'une construction simple et élégante, mais d'une régularité monotone : élevées, pour la plupart, de quatre ou cinq étages, elles ont pour traits uniformément caractéristiques de grandes fenêtres ornées de vastes balcons, et des terrasses à la mauresque. Si les rues percées dans les parties neuves de la ville sont larges et belles, toutes celles qui appartiennent aux anciens quartiers sont la physionomie distinctive des vieilles cités, dont les voies étroites et tortueuses, d'accès et de circulation difficiles, semblent avoir été tracées dans des intentions de guerre de défense. Bien qu'aucun des édifices publics de Barcelone ne puisse être placé parmi les beaux monuments que possède l'Espagne, il en est cependant quelques uns qui méritent d'être cités.

La cathédrale, qui date de la fin du treizième siècle, est d'un gothique simple et hardi : on regrette qu'elle n'ait point été terminée. On y remarque une magnifique chapelle souterraine, dans laquelle s'élève un mausolée d'albâtre, où reposent les reliques de sainte Eulalie, qui subit le martyre pendant la persécution de Dioclétien, et que Barcelonne vénère comme sa patronne. La Bourse, bâtie sous le règne de Charles III, se distingue encore par sa noble simplicité ; l'Hôtel-de-Ville, par son architecture élégante ; et le palais de la Douane, par la richesse des matériaux employés dans sa construction. Mais le travail le plus imposant qu'offre Barcelonne à l'admiration des curieux, est un mur colossal appelé la *Muraille de la Mer*, et destiné à défendre le port contre les ensablements. Les remparts de la ville forment aussi des promenades pleines d'attrait, en ce qu'elles permettent d'embrasser la riante vallée et les montagnes qui la bornent, et aussi en ce qu'elles laissent voir, dans tout leur développement, les murs, les fossés, tous les ouvrages militaires qui font de Barcelonne une des plus fortes places de l'Espagne, et la citadelle que Philippe V fit bâtir à l'est, pour garder la cité qu'il avait eu tant de peine à conquérir.

Les anciens possesseurs de la Catalogne n'ont laissé dans la capitale que peu de vestiges de leur domination. Des fragments de bas-reliefs, et quelques belles colonnes d'un temple dédié à Hercule, et dont la cathédrale a pris la place, sont les seuls débris qui soient restés des constructions romaines. Quant aux Maures, leur occupation fut si courte et si contestée, qu'ils ne purent guère songer à bâtir ; cependant on trouve encore quelques souvenirs d'eux qui les caractérisent bien, ce sont les ruines d'un établissement de bains : c'est là une des traces qui indiquent le plus communément le passage des Arabes ; les plaisirs du bain étaient les plus chères délices et l'un des premiers besoins de ces enfants du Midi.

Bien que le goût des arts et des lettres n'ait pas entièrement abandonné la Catalogne, bien que Barcelonne possède encore plusieurs institutions scientifiques et littéraires, et que son théâtre soit un des plus vastes, des plus suivis et des meilleurs de toute l'Espagne, c'est surtout vers les entreprises industrielles et commerciales que se portent maintenant l'activité et le génie des Catalans. Barcelonne compte plusieurs manufactures de draps, de velours, d'étoffes de laine, de soieries, de toiles peintes, d'armes à feu et d'armes blanches ; et malgré les difficultés et les dangers de son port, que le Llobregat et le Bessos encombrent de sable et de vase, en dépit de la Muraille de la Mer, plus de mille navires visitent annuellement ses quais. Ce mouvement maritime, commercial et industriel, appelle si continuellement la population dans Barcelone, et elle renferme en elle-même tant de conditions de prospérité, que, malgré les désastres que la guerre civile et la guerre étrangère ont fait peser sur elle depuis le commencement du siècle, et malgré les horribles ravages que la peste y fit en 1821, elle compte encore plus de cent trente mille habitants.

BURGOS.

Le premier des Alphonse, le fondateur du royaume de Léon, jeta quelques bourgades, entre les années 730 et 750, dans la Bardulie, devenue, depuis, la Vieille-Castille. Comme les Maures ravageaient ces colonies naissantes, Alphonse III fit élever, pour les protéger, une forteresse sur une hauteur aux bords de l'Arlanzon. Placé au milieu de plusieurs bourgs, le château prit de cette position le nom de *Burgos*. La Vieille-Castille devint bientôt assez florissante et assez puissante pour ne plus vouloir relever d'aucune autre contrée, et pour chercher à se séparer du royaume de Léon, dont elle dépendait à titre de comté. Fernand Gonzalès, dans les veines duquel coulaient quelques gouttes du sang de Charlemagne, consomma cette opération, au dixième siècle, et lorsqu'il mourut après une vie si parsemée d'aventures, si pleine de poésie, d'héroïsme et de gloire, qu'elle en semble fabuleuse, la Castille était indépendante. Fernand-Gonzalès peut être considéré comme le fondateur de ce nouveau royaume, et quoiqu'il n'ait pas pris le titre de roi, la cour qu'il tenait à Burgos était toute royale. Burgos est demeurée la capitale de cette province, qu'illustra au quinzième siècle le grand nom d'Isabelle.

Les premières maisons qui composèrent la ville s'étaient immédiatement appuyées aux murailles de la forteresse : peu à peu les habitants s'aventurèrent à s'en écarter à mesure que les dangers s'éloignèrent ; enfin, quand la sécurité régna, la ville descendit de la colline et se répandit sur les bords de

Leipzig 1481.

l'Arlanzon, si bien que la rue la plus élevée aujourd'hui était autrefois la plus basse. C'est dans cette rue, désignée sous le nom de la *Vieille-Rue* que se trouvent les deux monuments de Burgos les plus précieux, par les souvenirs historiques qui s'y rattachent. Le premier est un arc de triomphe, d'un assez beau modèle, élevé au lieu qu'occupait jadis le palais de Fernand-Gonzalès; le second est un pan de muraille ruinée, sur lequel on voit encore les restes d'un large écusson. Une inscription toute moderne (elle date de 1784) apprend que ce sont les derniers vestiges de la maison natale du héros sur lequel se sont portés tout l'orgueil, tout l'amour de l'Espagne, du fameux Rodrigue de Bivar, si populaire sous le nom de Cid, dont les exploits épouvantèrent les Maures pendant plus de trente années, à la fin du onzième siècle.

D'autres monuments de Burgos sont encore d'un grand intérêt comme objets d'art. Sa cathédrale, bâtie sur de vastes proportions, dans le cours du treizième siècle, est une des plus somptueuses églises de l'Espagne. Ses clochers élevés, dit un voyageur, ses sculptures multipliées, ses ornements en filigrane, son travail délicat forment un ensemble de toutes les beautés qui constituent le genre gothique. Ses deux tours sont particulièrement remarquables : découpées à jour et, pour ainsi dire, par bandes qui s'entre-croisent de manière à offrir l'apparence d'un treillage, elles montent en pyramides aiguës que couronnent des bouquets de sculptures, à une élévation d'environ 300 pieds : de nombreuses aiguilles se dressent çà et là à d'inégales hauteurs et fleuronnées avec une extrême légèreté, accompagnent ces deux flèches dans leur ascension hardie. L'édifice, ainsi hérissé de pointes, est d'un aspect bizarre et original, mais cependant imposant et agréable. L'intérieur de l'église répond par sa magnificence à la recherche et à la richesse des décorations extérieures : on y admire surtout des peintures d'un grand mérite. Un autre monument de Burgos, sur lequel doit s'arrêter encore l'attention, est une porte triomphale, qui, construite sous le règne de Philippe II, constate par ses formes non plus spontanément gothiques, mais seulement imitées du gothique, que la révolution architecturale que la France voyait s'opérer au seizième siècle, agissait aussi sur les arts en Espagne. Les ornements de cette porte sont curieux comme documents d'histoire et de mœurs : six niches, disposées sur deux rangs, renferment d'abord les images de quelques magistrats que se donna la Castille, lorsqu'elle se déclara indépendante, puis les statues de Fernand-Gonzalès et du Cid, et au milieu la grande figure de Charles-Quint. Ces deux groupes de personnages sont dominés par la sainte Vierge tenant dans ses bras l'enfant Jésus, et accompagnée de l'ange Gabriel : une croix surmonte le monument. On peut, enfin, mentionner parmi les édifices remarquables de Burgos, le palais épiscopal, dont l'architecture est assez élégante. Ce fut dans son enceinte que se célébrèrent, au douzième siècle, les noces d'une fille de France avec un fils l'Alphonse-le-Sage. On y déploya une prodigalité si ruineuse, que des seigneurs castillans, irrités de voir ainsi gaspiller la fortune publique, abandonnèrent la Castille et allèrent offrir leur épée aux Maures de Grenade.

Burgos, dont la population s'élève à environ 12,000 âmes, est située dans un vallon fertile et bien cultivé. Elle était au quinzième siècle une des places les plus commerçantes de l'Espagne : son activité s'est depuis lors beaucoup ralentie ; cependant, ses diverses manufactures, et particulièrement ses fabriques de draps et de chapeaux, la placent encore parmi les villes industrielles de la Péninsule, et ses produits agricoles sont abondants et estimés.

SÉGOVIE.

Encore une cité espagnole qui revendique pour son fondateur le robuste fils d'Alcmène, lequel, soit dit en passant, devait être un architecte bien occupé, un maçon bien expéditif, à en juger par le nombre de bicoques ou de métropoles qu'on voit mettre sur son compte. Les crédules Ségoviens n'hésitent pas surtout à faire honneur au demi-dieu qui séparait les montagnes, de la construction de leur magnifique aqueduc, chargé d'en rapprocher ici deux autres, séparés par un intervalle de 3,000 pas ; mais évidemment ce monument ne porte point une semblable date ; il est des Romains, et paraît remonter au temps de Trajan. La double rangée de ses cent soixante-dix-sept arches superposées, à l'endroit où elles sont traversées par la principale rue de la ville, s'élève à la hauteur de quatre-vingt-dix pieds au dessus du sol, et les piliers sont formés de grosses pierres de taille brutes, sans apparence de ciment. Ce merveilleux édifice, quoique négligé, menacé même d'un certain danger par les végétaux qui s'introduisent profondément dans ses moindres interstices, continue néanmoins de remplir l'objet auquel il fut destiné, et de

Aqueduc, à Ségovie, p. 130.

présenter, après dix-huit siècles ses immenses lignes d'architecture presque sans dégradations.

Une pourtant, une seule existe, et plus considérable même que l'élévation du monument ne permet à l'œil d'en juger, comme le prouve le trait suivant, que nous rapportons sans le garantir. Un hardi Castillan avait fait le pari de parcourir à cheval, d'un bout à l'autre, l'étroite et haute surface horizontale de l'aqueduc, lorsque, arrivé au milieu de sa course aérienne, une large brèche, dont il n'avait pu calculer l'étendue d'en bas, l'arrête court. Alors l'intrépide cavalier, reculant de quelques pas, bande les yeux de sa monture, pique de nouveau, franchit le terrible éboulement, non sans trébucher, mais sans tomber, et atteint enfin l'extrémité opposée, sain et sauf, aux applaudissements de la ville entière.

Ségovie possède une *casa de la moneda*, hôtel des monnaies, ayant cela de particulier que leur fabrication tout entière y a lieu par des procédés hydrauliques, lesquels, au reste, en s'exécutant plus promptement, sont loin de rendre les espèces plus belles. Un autre monument célèbre de cette ville est l'Alcazar des princes maures, dont quelques uns des appartements sont encore décorés de mosaïques et de dorures très fraîches.

A la vue de cette porte arabe, aujourd'hui murée, de cet Alcazar, vieux château flanqué de tourelles et construit par les rois maures sur l'escarpement d'un immense rocher, comment ne pas se rappeler la prospérité et l'industrie de cette ville sous leur domination?

Avant d'être converti en prison d'Etat, il fut habité par les monarques espagnols, entre autres par Ferdinand et Isabelle, qui l'affectionnaient beaucoup, ainsi qu'Alphonse-le-Sage, qui y a composé ses fameuses tables astronomiques, appelées *Tables alphonsines*. La cathédrale de Ségovie est encore un beau monument; mais, malgré son aspect gothique, elle appartient plutôt à la renaissance. Sa façade principale est située au couchant et présente deux ordres d'architecture. Le premier consiste en deux colonnes de chaque côté avec des niches dans les entrecolonnements; le second n'a qu'une seule colonne de chaque côté, et au milieu est la statue de saint Frutos. Tout l'extérieur de la cathédrale est orné de pyramides en style ogival et d'une coupole qui correspond au milieu du passage entre le maître-autel et le chœur.

CADIX.

ANDALOUSIE.

L'Andalousie, ancienne *Bétique*, est bornée au nord par les montagnes de la Sierra-Morena, qui la séparent de l'Estramadure et de la Manche; au levant, par le royaume de Murcie; au midi, par l'Océan et le détroit de Gibraltar; au couchant, par le petit royaume des Algarves. Il n'est point dans toute l'Espagne de province plus fertile, mieux située pour le commerce, plus riche en grains, en mines, en pâturages; les ardeurs du midi auxquelles elle est exposée, sont tempérées en général, soit par le voisinage de la mer, soit par plusieurs chaînes de montagnes, ou par les ruisseaux qui coulent de ces montagnes, et par plusieurs grandes rivières qui l'arrosent. La principale de ces rivières est le Guadalquivir, qui traverse toute la province. Du sommet de la Sierra-Morena, on découvre les belles plaines de l'Andalousie, et les souvenirs historiques augmentent les charmes de l'aspect dont on jouit. Cordoue, patrie de Sénèque et capitale du premier empire des Maures, déploie d'abord sa magnificence; puis Séville, si renommée par la richesse et la beauté de ses édifices; Italica, patrie de Trajan, d'Adrien, de Théodose; enfin, Cadix, commerçante encore, riche et voluptueuse comme autrefois.

Cadix, fondée par les Phéniciens et embellie par les Romains, était située dans un lieu différent de la ville actuelle; on voit quelques restes de ses ruines et l'emplacement de son fameux temple d'Hercule, près de l'île Saint-Pierre. La ville moderne est bâtie au bout de la langue de terre qui s'avance dans l'Océan : c'est une place de commerce inexpugnable par sa position et ses ouvrages de défense, et d'une miraculeuse opulence par ses relations étendues dans toutes les parties du monde. Sa baie a dix lieues de circonférence, et sert à la fois de magasin de marchandises, d'arsenal de guerre et de bassin de construction. Cadix est une ville de construction régulière; ses rues, ses places sont tenues avec une extrême propreté.

Cadix renferme peu d'édifices publics remarquables : elle est toute commerciale. Toutes les idées à Cadix sont tournées vers le commerce maritime; la position de son port est des plus avantageuses; il est à l'entrée de l'Océan, ce qui rend sa communication facile avec le Portugal, l'Angleterre, la Hol-

Cadix, p. 152.

lande ; placé à côté du détroit de Gibraltar et de la Méditerranée, il communique par là avec le midi et l'est de la France, l'Italie, le Levant et l'Afrique.

Le passage de la grande baie de Cadix à la baie des *Puntalès*, est défendu par les deux forts Matagordo et San-Lorenzo, placés l'un vis-à-vis de l'autre. C'est le détroit protégé par ces deux forts qu'on traverse pour se rendre à Chiclane, lieu de récréation et de délices pour les habitants de Cadix, car la situation de leur ville, entourée par la mer dans presque toute sa circonférence, réduit à peu de chose les plaisirs de la promenade ; à une centaine de pas de la porte de terre, la stérilé commence et règne à plusieurs lieues au loin.

A Cadix, comme dans toute l'Andalousie, se déploient les grands vestiges de la domination mauresque ; chaque montagne porte sur son sommet une petite tour crénelée, qui était destinée à garder le pays ; là se trouvaient des émirs chargés de veiller sur les populations chrétiennes qui cultivaient les terres.

A mesure qu'on marche vers Cadix, tout se ressent de la civilisation maure ; à dix lieues autour de la cité, tout est coupé par des canaux artificiels au milieu de plaines fertilisées à bras ; des villages entiers conservent les formes orientales, la porte des maisons est tournée vers le lever du soleil. Les traditions se perpétuent en Espagne ; il y a dans toutes les pompes quelque chose d'antique et de solennel, et rien n'est curieux comme une procession municipale. D'abord, en tête, cinq ou six hommes du peuple, avec des massues, frappent de droite et de gauche, et il faut bien se garder de ne pas se retirer avec humilité ; il vous assommeraient saintement, parce que, selon les paroles de la Bible, les juifs supportaient les plaies que Jehova leur envoyait dans sa colère. Puis arrivent *los gigantes*, mannequins à formes colossales, habillés en rois maures qui dansent et se trémoussent d'une manière grave ; la foule les poursuit, et leur jette des fleurs ou des pierres selon le caprice. Après viennent *los enanos*, nains difformes, qui excitent le gros rire espagnol par leurs contorsions, roulant leurs yeux comme des possédés. Enfin, les mystères joués par des personnages en bois, jeu sacré où dominent saint Christophe et la Vierge.

SARAGOSSE.

Saragosse, capitale de l'Aragon, est située sur la rive gauche de l'Ebre; ce n'est point une ville fortifiée: elle est seulement protégée par un mur d'enceinte, haut de dix à douze pieds et destiné à empêcher la contrebande. Ses principaux édifices sont de nombreux couvents tous construits en pierre de taille et solidement voûtés. Les maisons sont également conçues dans le même système, et chacune de ces demeures est en état de soutenir un siége. Cette circonstance explique comment à la faveur de tels abris les habitants de Saragosse purent prolonger si longtemps une héroïque résistance.

L'aspect que présente Saragosse est celui d'une ville riche au milieu d'une plaine étendue et fertile; le terrain offre peu de mouvement; mais les environs sont embellis par une culture variée et par des édifices curieux.

La situation de cette ville est superbe; la plaine qui l'environne est arrosée par deux rivières, le Galèzo et la Huerva, qui coulent à peu de distance de ses murs dont le pied est baigné par l'Ebre, fleuve majestueux. Le nouveau canal d'Aragon parcourt le territoire de Saragosse; des jardins immenses étalent tout autour les richesses les plus variées de l'agriculture. La pureté du ciel, la douceur du climat, jointes à la fertilité du sol, font de ce pays un séjour on ne peut plus agréable.

Saragosse est une des plus grandes villes de l'Espagne; mais sa population ne répond pas à son étendue. Elle ne s'élève pas à soixante mille habitants.

La plupart des rues de Saragosse sont étroites, irrégulières, pavées avec des cailloux bruts, sur lesquels on marche avec peine. Dans le petit nombre de celles qu'on peut citer pour leur largeur et leur alignement, on doit distinguer la rue Sainte (*Calle-Santa*).

Parmi les monuments de Saragosse, il en est un qui étonne les voyageurs; c'est la Tour-Neuve, ainsi appelée depuis l'année 1504, époque de sa fondation. Cette tour est inclinée d'une manière surprenante et rappelle la tour de Pise. Elle est bâtie en briques, et d'une grande hauteur; on y monte par un escalier de deux cent quatre-vingts marches.

Cette ville possède plusieurs églises qui méritent d'être visitées; celle de *Notre-Dame-del-Pilar* est la plus célèbre. Les arts se sont réunis pour décorer l'intérieur de ce temple. On y a prodigué tous les embellissements, et on l'a fait avec une

Tour de Saragosse, 154.

profusion peu commune. L'architecture, la peinture, la sculpture y déploient à l'envi leurs trésors.

Quand la révolte de Madrid eut donné le signal de l'insurrection contre les Français sur tout le territoire espagnol (2 mai 1808), le peuple de Saragosse investit du gouvernement civil et militaire de l'Aragon, don Joseph Palafox y Melzi, jeune officier de vingt-huit ans, qui possédait sa confiance. Vers le milieu du mois de juin 1808, le général Lefèvre-Desnouettes se porta de Pampelune sur Saragosse, et battit Palafox, le 4 août suivant ; ses troupes pénétrèrent dans la place et se logèrent dans quelques couvents et maisons ; mais le désastre de Baylen les força d'en sortir. Les habitants, fiers de leur succès, en rendirent grâce à *Notre-Dame-del-Pilar*, patronne de Saragosse, que leurs prêtres les avaient habitués à regarder comme leur sauvegarde.

La présence de Napoléon ramena la victoire en Espagne. Le 20 décembre 1808, Saragosse fut de nouveau investie par les corps réunis du général Moncey et du maréchal Mortier, s'élevant à trente-un mille hommes. L'armée assiégée était de cinquante mille hommes tant soldats que paysans. Les habitants capables de porter les armes avaient tous reçu des fusils fournis par les Anglais.

Le 22 janvier 1809, le maréchal Lannes prit le commandement des troupes de siége. Le 26, toutes les batteries contre la ville étant terminées, cinquante pièces d'artillerie tonnèrent dès le matin et rendirent la brèche praticable. Maîtres de l'enceinte de la ville et de plusieurs maisons qui l'avoisinent, les Français s'y fortifient. Alors commence un nouveau genre de guerre. Les assiégés se défendent de rue en rue, de maison en maison, d'étage en étage. Hommes, femmes, enfants, prêtres, moines, tout combat, tout brave la mort. La sape et la mine sont employées pour réduire des adversaires qui ont l'avantage du nombre et de la position. L'intérieur de la ville, sillonné de boulets, d'éclats de bombes, n'offre qu'un amas de débris et de cadavres. La peste réunit ses effets meurtriers à ceux des armes. Depuis le commencement de février quatre cents personnes succombent tous les jours et restent sans sépulture.

Cependant le peuple ne veut pas entendre parler de capitulation. Palafox est placé sous la surveillance de trois moines et de trois hommes sortis des derniers rangs ; ils ont mission de l'empêcher de fuir ou de se rendre. Enfin, attaqué de l'épidémie qui ravage la ville, Palafox se démet de son autorité, et désigne pour son successeur le général Saint-Marc, qui consent à présider une junte créée sur-le-champ. Le 20 février l'attaque continue, et la défense n'est pas moins opiniâtre ; le général français prend des mesures pour que, le lendemain, la ville soit ensevelie sous ses ruines. A quatre heures du soir une députation de la junte vient traiter de la reddition de la place, et Saragosse se rend à discrétion.

Le 21, à midi, la garnison, réduite à quinze mille hommes, défile et pose les armes. La conquête des Français n'est qu'un vaste cimetière : cinquante-quatre mille personnes avaient péri pendant le siége ; plus de mille habitants moururent encore après la capitulation. Saragosse présentait le plus hideux spectacle. « Jamais peut-être, dit un historien, le démon de la guerre n'avait accumulé tant et de si épouvantables maux sur une surface si étroite. Triste condition des hommes, qu'il faille célébrer comme un événement heureux pour les vainqueurs une si horrible destruction ! »

GIBRALTAR.

Le moyen-âge, par un rare bonheur d'expression qui lui était propre, nomma clé des deux-mers, *clé de l'Océan, promontoire du passage*, ce mont qui, sortant du milieu même de la mer, sans communication avec aucune autre montagne, et détaché par toute sa circonférence, s'élève tout à la pointe méridionale de l'Europe. Sa position même réclamait ce nom. C'était comme une sentinelle de pierre postée là en avant, tout exprès pour défendre l'Europe des attaques de l'autre monde, qui pouvait avoir envie de se ruer un jour sur l'Espagne comme un torrent impétueux. Maintenant ce mont s'appelle tout simplement *Gibraltar*, de deux noms arabes *Gibel*, montagne, et *Thar*, coupé, partagé, divisé. Suivant cette étymologie, qui semble la plus raisonnable, Gibraltar signifie *mont partagé* ou *coupé*. En effet, dans les hauteurs qui se dressent à la pointe de l'Europe, une profonde scissure appelée la *coupure*, divise en deux cette montagne, et forme comme une rue dont les revers du rocher seraient les maisons.

La ville de Gibraltar, qui doit toute sa célébrité à sa position et à ses forts réputés inexpugnables, est en général peu connue : cependant on en possède un plan très détaillé au dépôt de la guerre et l'on peut en voir un plan en relief des plus exacts dans la collection de places fortes conservé dans les combles de l'hôtel des Invalides.

Gibraltar, p. 156.

GIBRALTAR.

Sur les rivages opposés du détroit qui unit l'Océan et la Méditerranée s'élèvent en face l'un de l'autre le mont Gibraltar et le mont aux Singes, auxquels les anciens avaient donné le nom de Colonnes d'Hercule; le détroit n'a que six lieues de largeur, et les vaisseaux qui se rendent d'une mer dans l'autre, sont exposés au feu de l'artillerie formidable dont les rochers de Gibraltar ont été garnis par les Anglais devenus, en 1704, maîtres de cette importante position; ces derniers s'y sont maintenus depuis malgré les efforts des Espagnols et des Français réunis.

Le gouvernement de Gibraltar est dévolu à un prince du sang d'Angleterre, ayant pour le représenter un chef militaire investi des fonctions de lieutenant-gouverneur. L'officier-général revêtu de cette dignité habite dans un ancien cloître, vulgairement appelé *le couvent*.

Vue de la rade, la ville, bâtie en amphithéâtre au pied d'une montagne escarpée, offre un coup-d'œil ravissant. Ses édifices ont un air de fraîcheur et d'élégance qui fait oublier tout ce que le sol d'alentour a d'aride et de sauvage. On remarque presque partout une propreté que les Anglais ont soin et intérêt d'entretenir, pour empêcher le développement des épidémies qui s'y manifestent quelquefois. De grandes rues ornées de trottoirs, bordées de maisons agréables et peu élevées, de vastes casernes et d'autres établissements publics, tout cela entremêlé de plantations diverses, prouve ce que peut l'industrie de l'homme dans des lieux où la nature semblait se refuser à tout agrément. Une jolie promenade, dessinée en jardin anglais, a été plantée à peu de distance et en dehors de la partie méridionale de la ville. Là, mille allées sinueuses et de différentes largeurs, parcourent un espace étendu et s'élèvent à une assez grande hauteur sur le penchant occidental de la montagne. Au dessous, on découvre une batterie, la première que les Anglais enlevèrent lorsqu'ils s'emparèrent de Gibraltar; c'est celle qui aujourd'hui est chargée de répondre aux saluts qui sont faits par les bâtiments de guerre. Ce ne sont pas des considérations de pur agrément qui engagent le gouvernement anglais à multiplier toutes sortes d'embellissements à Gibraltar; il pense forcer par là les habitants et la garnison à prendre plus fréquemment l'exercice de la promenade qui leur est si nécessaire.

La ville de Gibraltar est animée par une population active et formée d'éléments si divers que l'on pourrait se croire dans un bazar d'Orient; le bas peuple est presque entièrement composé d'Espagnols revêtus d'un costume plus pittoresque et plus caractéristique que dans les autres parties de la péninsule. La ville de Gibraltar est devenue comme un sol neutre où chacun suit sa religion sans avoir à redouter les rigueurs de l'intolérance. On y voit un grand nombre de juifs. Tout le monde travaille à Gibraltar ; on n'y rencontre ni mendiants, ni saltimbanques, ni prédicateurs ambulants.

Le rocher énorme de Gibraltar, qui forme l'extrémité australe de l'Europe, tient, comme on sait, à l'Espagne par une langue de terre sablonneuse extrêmement basse ; il est coupé à pic de ce côté et du côté de l'est, et n'a pas moins de quatre cent huit mètres de hauteur à sa partie la plus élevée.

Les fortifications commencent, du côté de l'ouest, au bas de la ville, dont les murs s'avancent jusque dans la mer ; elles s'élèvent progressivement ensuite vers le sommet de la montagne, où l'on découvre encore des batteries. Comme, du côté du nord, le rocher est perpendiculaire et n'offre aucun point pour y mettre de l'artillerie, les Anglais ont creusé dans le roc plusieurs étages de galeries souterraines, le long desquelles on a ouvert, par intervalles, des espèces d'embrasures où l'on a placé cinq cents canons, que l'on aperçoit à peine quand on est en mer.

Ces galeries sont coupées par de vastes salles qui servent de dépôts pour les vivres et les munitions. Il faut plus de deux heures de marche pour parcourir ces souterrains artificiels, creusés dans le roc à trois cents pieds au dessous du sol et à mille pieds au dessus du niveau de la mer. Dans ces souterrains, non seulement la garnison, mais toute la population de Gibraltar trouverait un refuge assuré dans le cas d'un bombardement ; l'immense quantité de vivres et de munitions qui y sont entassés donnerait le temps aux Anglais de venir au secours de la ville et du port assiégés.

On monte, par des chemins pratiqués avec art jusqu'au sommet de la montagne, où était primitivement placée une batterie de mortiers que la foudre fit écrouler en 1813, et dont on voit encore les débris. Ces chemins sont parfaitement bien entretenus, et la pente en est assez douce pour que l'on puisse y aller à cheval. Du haut de ce rocher fameux qui forme, avec le mont aux Singes, le détroit qui réunit la Méditerranée à l'Océan atlantique, la vue est vaste et imposante. Au sud et dans le lointain, on découvre les côtes d'Afrique. Du côté de l'Espagne, les regards planent sur la petite ville de Saint-Roch et ses lignes de fortifications à peu près détruites ; de nombreuses tours abandonnées, bâties du temps des Maures, bordent le rivage. C'est là que les Espagnols trouvaient un refuge contre les attaques de ces terribles voisins.

LISBONNE.

CAPITALE DU PORTUGAL.

Lisbonne, capitale du Portugal, s'élève à l'endroit où, après avoir formé le lac qu'on a nommé la *Mer de la Paille*, le Tage se rétrécit pour se jeter dans l'Océan. Ses maisons, placées sur les bords du fleuve et sur plusieurs collines, forment amphithéâtre, en suivant, dans une étendue de plus d'une lieue, le cours du fleuve.

Ces édifices, ainsi disposés par étages, au milieu desquels surgissent les hautes tours et les môles du port, ces nombreux vaisseaux qui stationnent dans la vaste nappe d'eau du fleuve, et, au delà de ce premier plan, les montagnes chargées de riches plantations qui dominent la ville, tout cela offre un coup-d'œil magnifique, auquel malheureusement l'intérieur de la ville ne répond pas. La partie vieille est celle qui a échappé au fameux tremblement de terre de 1755; les rues y sont étroites, tortueuses, sales, obscures, encaissées entre des maisons mesquines, hautes de cinq à six étages. La partie neuve, contraste avec celle-ci par la largeur de la voie publique, les dimensions mieux entendues des maisons, et où l'on trouve un certain nombre de rues bien alignées et garnies de trottoirs. Elles sont toutes éclairées pendant la nuit et surveillées par une garde active. En général, les maisons sont en bois, à l'exception de quelques parties extérieures qui sont revêtues de pierres.

Lisbonne renferme un monument que l'on peut mettre en parallèle avec tout ce que l'antiquité a produit de plus beau dans ce genre : c'est un aqueduc qui amène à la ville les eaux d'une colline éloignée de près de trois lieues, et alimente trente-quatre fontaines publiques. Cet aqueduc, construit il y a près d'un siècle, se divise en deux branches qui desservent, l'une la partie nord, l'autre la partie nord-ouest de la ville. La première est dans le style gothique, la seconde d'architecture romaine.

Lisbonne compte quelques beaux hôtels dont l'ameublement intérieur n'est pas sans magnificence, et contraste étrangement avec l'état misérable et sale des maisons du peuple.

Non seulement cette ville fait presque tout le commerce des colonies portugaises, mais encore près des trois cinquièmes de celui de tout le royaume avec l'étranger. Son port, qui n'est, à proprement parler, qu'un mouillage très sûr, formé par le fleuve, dont la largeur est en cet endroit d'un tiers de lieue, peut recevoir des vaisseaux de guerre de haut bord; toute la côte voisine est d'un abord facile et protégée par de nombreuses batteries et par deux forts. En face de l'un d'eux, au milieu même de l'entrée du Tage, s'élève la tour de Bugio, d'une défense formidable. Près du port sont des bassins et des chantiers de construction.

La température de Lisbonne est assez constante; l'hiver y est humide; les pluies sont surtout fréquentes de novembre à février. Le froid et les gelées y sont presque inconnus. On y éprouve encore quelques secousses de tremblement de terre, quand à un automne sec succèdent tout à coup des pluies abondantes.

Le peu d'activité des habitants de Lisbonne donne à cette ville une teinte de tristesse; ils sont d'ailleurs superstitieux, portés à se venger; mais sobres, économes et loyaux dans leurs relations commerciales. Parmi les hommes célèbres que Lisbonne a vus naître, on doit citer, le célèbre poète Camoens.

Les environs de Lisbonne sont enchanteurs; on y voit une infinité de maisons de campagne, souvent très belles et ornées de jardins charmants.

Lisbonne a été occupée par les Romains, qui y ont laissé des traces de leur passage. Auguste la peupla presque entièrement de citoyens romains, et l'éleva au rang de ville municipale. On y a trouvé, vers la fin du siècle dernier, des débris d'un théâtre bâti par ce peuple.

Les Maures s'emparèrent de Lisbonne dès le premier siècle de l'Eglise, elle leur fut enlevée et détruite dix siècles plus tard; mais sur ses ruines s'éleva une nouvelle ville, que les Maures envahirent et perdirent ensuite à deux reprises différentes. En 1807, l'armée française s'empara de Lisbonne, et y résista quelque temps aux forces combinées des Anglais et des Portugais. Quand nous fûmes forcés d'évacuer cette place, les Anglais la mirent à l'abri d'un coup de main, au moyen de travaux militaires exécutés sur une suite de hauteur à cinq lieues de distance de la ville. Deux ans plus tard, les Français revinrent, sous le commandement de Masséna, attaquer Lisbonne: mais ces fortifications firent son salut.

Sans les tremblements de terre et le fatal protectorat de l'Angleterre, qui a si longtemps paralysé, et paralysera longtemps encore peut-être, l'industrie portugaise, Lisbonne aurait atteint un haut degré de prospérité. Sa position éminemment favorable au commerce maritime, et la beauté de son port, doivent, tôt ou tard, rendre celui-ci l'un des premiers du monde.

Vue de Xérès, p. 161.

XÉREZ.

La ville de Xérez est célèbre par la fameuse bataille que perdirent jadis, presque sous ses murs, les Espagnols écrasés par les hordes des Maures. Xérez doit au vin qu'on récolte dans ses environs d'être connue dans toute l'Europe. Le territoire de cette ville est très fertile et bien cultivé ; les Français et les Anglais y ont des maisons dont le vin fait le principal commerce ; on évalue à 50 mille quintaux la quantité qui s'en exporte tous les ans.

Le chemin que l'on suit quand on arrive d'Ascala à Xérez est orné des deux côtés de bancs, de palissades, de claires-voies en bois peint, et de chaque côté ce sont des palmiers, des orangers et d'autres arbres des pays chauds. On dirait une avenue ornée avec coquetterie et percée au milieu de magnifiques jardins.

Dans Xérez même, les étrangers sont agréablement surpris de trouver de magnifiques jardins ornés d'orangers, de citroniers et d'autres arbres fruitiers de toutes les espèces. Ceux du monastère des Chartreux sont surtout remarquables ; c'est une succession de vergers, de bosquets, de potagers et de parterres qui rivalisent de grâce et de richesse.

L'intérieur de Xérez répond à la beauté des environs de cette ville. Grande, agréable et riante, elle a des rues larges, propres, bien tenues, pavées avec soin, on peut dire même avec recherche et élégance. On porte la population de Xérez à plus de vingt mille âmes.

L'agriculture proprement dite n'est pas la seule ressource des habitants de Xérez. On y voit quelques manufactures, mais ce qui contribue encore plus activement à l'aisance des habitants, c'est le commerce des chevaux de race. Dans le dix-septième siècle, Xérez comptait plus de cinq mille juments et vendait par an près de deux mille poulains. Cette industrie est aujourd'hui beaucoup moins importante.

FIN.

TABLE DES MATIÈRES

CONTENUES

DANS CE VOLUME.

France.

État des anciennes villes de France.	1
Paris.	7
Versailles.	15
Corbeil.	16
Bordeaux.	17
Viviers.	20
Arles.	21
Collioure.	22
Gap.	22
Honfleur.	24
Caen.	25
Besançon.	27
Péronne.	30
Saint-Quentin.	31
Bayonne.	33
Fréjus.	35
Soissons.	37
Calais.	39
Châlons-sur-Saône.	40
Ham.	41
Blois.	45
Amboise.	47
Thann.	49
Rouffack.	53
Saint-Malo.	54
Barèges.	56
Mâcon.	57
Beaugency.	60
Saumur.	61
Arras.	63
Nantes.	64
Pornic.	67
Angoulême.	69
Dieppe.	70
Blaye.	72
Trévoux.	73
Rouen.	75
La Rochelle et Rochefort.	79
Marseille.	80
Narbonne.	82
Gien.	84
Poitiers.	85
Provins.	88
Sens.	90
Amiens.	91
Nevers.	94
Chartres.	96
Crest.	97
Cambrai.	99
Le Havre.	101
Lille.	103
Limoux.	108
Tarascon.	109
Metz.	111
Beaucaire.	112

Belgique et Pays-Bas.

Bruxelles.	115
Louvain.	117
Bruges.	119
Gand.	121
Amsterdam.	123
Rotterdam.	124
Utrecht.	126
Luxembourg.	127

Angleterre.

Londres.	130
Manchester.—Liverpool.	134
Douvres.	136
Edimbourg.	137
Dublin.	138

Péninsule Ibérique.

Madrid.	140
L'Escurial.	143
Barcelonne.	144
Burgos.	148
Ségovie.	150
Cadix.	152
Saragosse.	154
Gibraltar.	156
Lisbonne.	159
Xérez.	161

FIN DE LA TABLE.

Paris. — Imprimerie de Pommeret et Moreau,
quai des Grands Augustins, 17.

www.ingramcontent.com/pod-product-compliance
Lightning Source LLC
Chambersburg PA
CBHW071335150426
43191CB00007B/744